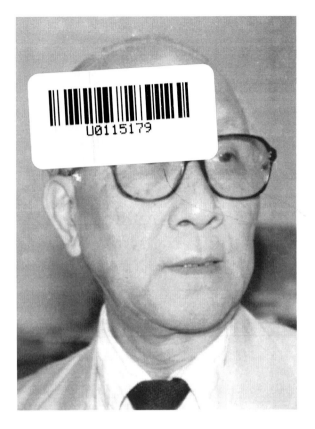

丁平（1922-1999），本名甯靖，又名艾莎、沙莎，生於廣東，一九四五年獲中山大學文學士，一九四七年獲該校教育碩士。一九九九年十一月二日因病辭世，享年七十七。丁平積極推動文學活動，為「香港詩人協會」創設人之一及副會長、「世界華文詩人協會」創設人之一及秘書長，以及「香港中國文學學會」創設人及會長。一九九二年分別獲美國加州「世界藝術文化學院」頒贈「榮譽文學博士」學位、臺北教育部頒贈「資深優良教授獎狀」、臺北「詩人節慶祝大會」頒贈「詩運獎」；一九九四年獲「第十五屆世界詩人大會」頒贈「詩歌工作貢獻榮譽獎牌」；一九九六年獲中國文藝協會頒贈「榮譽文藝獎章」、中國詩經學會選為名譽理事；一九九九年獲中國詩經學會頒贈「第一屆學術研究成果評獎」的「穎南杯」及「特別榮譽獎」。

丁平簡介

　　抗戰初期，丁平從軍兩年，並參加「粵北會戰」及「第二次長沙會戰」。一九四〇年在韶關及桂林隨李金髮、胡風、李廣田習詩及散文，隨洪深、歐陽予倩習劇本，著有詩集《在珠江的西岸線上》（1942）、《南陲線上》（1956）、《萍之歌──丁平詩集》（2009），散文集《漓江曲》（1942），劇本《中華民族萬歲》（1942），論著《文學新論》（1947）、《中國文學史》（1974香港版、1984臺灣版）、《散文、小說寫作研究》（1974香港版、1984臺灣版）、《現代小說寫作研究》（1983）、《中國現代文學作家論》（1986）等。一九六二年六月，丁平與韋陀創辦《華僑文藝》，擔任執行編輯；一九六三年七月，《華僑文藝》改名為《文藝》，至一九六五年一月停刊，共出版二十六期。一九八五年，丁平擔任《世界中國詩刊》編委。一九八九年，丁平與藍海文合編詩集《沒有冬季的港灣》；一九九一年，丁平主編詩、散文集《踏出的第一步》。

　　一九五六年始，丁平任教於澳門「中山教育學院」。一九六〇年代初，定居香港，曾任教「香港官立文商專科學校」至一九七二年、「李求恩紀念中學」至一九八三年退休為止。從一九六八年開始，同時擔任多所專上院校的教席，包括香港「華僑工商學院」教授兼中文系系主任（1968-1972）、香港「清華學院」教授兼教務長（1972-1974）、香港「廣大學院」教授兼中國文學系系主任、研究所所長（1974-1999）、「香港大學專業進修學院」（前稱「香港大學校外課程部」）文學講師（1981-1999）。

史學研究叢書・人物傳記叢刊

遺忘與記憶

——丁平及其時代訪談集

馬輝洪　編著

目次

丁平簡介 ……………………………………………………… 1

向序　丁平先生的文學功德 ………………………… 向　明　1

許序　八方尋訪談《文藝》 …………………………… 許定銘　5

訪談集

相識五十載——夏傳才訪談記 …………………………………… 1

覃子豪、丁平與《華僑文藝》——辛鬱訪談記 ………………… 11

兼容並包的丁平——張健訪談記 ……………………………… 23

漸漸淡忘的往事——司馬中原訪談記 ………………………… 33

包容多元的《華僑文藝》——綠蒂訪談記 …………………… 41

文學理想的追尋——盧文敏訪談記 …………………………… 51

文學的播種者——向明訪談記 ………………………………… 65

詩人的願望——張默訪談記 …………………………………… 73

遠去的歲月——草川訪談記 …………………………………… 81

韋陀、丁平與《華僑文藝》——古兆申訪談記 ……………… 87

文學路上的良師——許定銘訪談記 ⋯⋯⋯⋯⋯⋯⋯ 99

未盡忘卻的往事——李學銘訪談記 ⋯⋯⋯⋯⋯⋯ 111

結緣《秋水》——涂靜怡訪談記 ⋯⋯⋯⋯⋯⋯⋯⋯ 125

師生情長——江顯訪談記 ⋯⋯⋯⋯⋯⋯⋯⋯⋯⋯ 135

附錄

一 夏傳才與香港地區《詩經》研究
　　——以「香港中國文學學會」為考察中心 ⋯⋯⋯⋯ 149

二 被遺忘的歷史——談覃子豪與《華僑文藝》 ⋯⋯⋯⋯ 165

三 一九六〇年代港臺文學交流的場域
　　——以《華僑文藝》為考察中心 ⋯⋯⋯⋯⋯⋯⋯ 179

後記 ⋯⋯⋯⋯⋯⋯⋯⋯⋯⋯⋯⋯⋯⋯⋯⋯⋯⋯⋯ 193

向序
丁平先生的文學功德

　　一九四九年那一場中國歷史上空前未有的，不知究是人禍，還是天譴，把我們從溫暖的母體、華夏大地追趕了出來，最後流落到了這個做夢也想不到的島上。初到之時，舉目無親，窮到見骨，可說真是一個棄兒一樣的可憐。生存上雖有一份軍糧養了我們，但精神上則就貧乏到毫無所寄了。所幸苦難也教育了我們這一代一些應變之道，知道自己必須覺醒獨自去找一份寄託，以作今後謀生之道。當時最有可能也最方便的方法就是學習從書本文字上去深耕自己，鍛造自己，然後反芻出自己對人生對世態，以及對未來所應持之態度和方向。這種自我改造或鍛鍊的結果，最後使我和我那相同年齡層的年輕孩子，一個個都成了雖不夠顯赫，卻也夠自我交代和不辱祖先的文字工作者，也就是現在在臺灣的部分所謂作家詩人。

　　早年在臺灣我們去追求文學，窮研寫詩之道，可說非常艱辛。主要是文學或詩歌的傳承資源非常匱乏。所有的三十或四十年代的前輩成名作家詩人幾乎全未前來臺灣，而他們的作品也幾全被打成禁書，不能流通，近乎絕跡，當然無法讀到，想從中學習也無門。而想獲得國外文學名著及詩的學習資料，也千難萬難，蓋戰亂方殷，一切毀棄，無從找尋。因此誰只要能找到任何一種外國文學名著或詩集，便會私底下找地方作筆記，或作手抄本。我記得詩人曠中玉曾經獨自在防空洞閉門刻鋼板，將全本歐洲文學史油印下來，釘成書，送給想看的同好。我則將不知哪裡找來的一本法國作家紀德的《地糧》中譯

本，躲在營房的蚊帳裡，就著昏黃的電燈光線，整本抄了下來。其所以這樣的小心翼翼，是紀德那時曾經向俄共示好，免不了犯忌。

　　寫到這裡不由得想到也流落在香港的丁平老師了。就我們這些在臺對文學熱愛，極度求知的文學青年而言，丁平老師無異是一座海上的燈塔，一位扶植協助我們在文學這條大道上成長茁壯的推手。丁平老師是我們臺灣新詩老前輩覃子豪先生當年在重慶沙坪瀠中央訓練團新聞研究班的同期同學。大陸易幟前覃先生從福建攜眷到了臺灣，丁平先生從廣東越界到了尚是英國殖民地的香港。當時的香港是臺灣唯一能獲知大陸海外及歐美各地少數文學信息及文學書報的管道。覃子豪和丁平兩位舊識非常艱難且不畏一切風險取得聯繫後，可說使得困居在這臺島上的文學人有了一小泓活水可以悠游，一方窄狹天窗向外窺探。尤其丁平老師在物質條件那麼艱辛的情況下，還在香港創辦了一份文學刊物《華僑文藝》，以供有心和熱愛文學的讀作者享受中文文學的陶冶。在本屬我們華夏河山的香港辦中文雜誌卻只能取名《華僑文藝》，丁平先生也煞費苦心，但他也只能務實的委曲，究竟那時還是被英國殖民統治的地方，並非我們中國人所管轄。因此我們從刊物內容可以看出，為刊物撰稿者多為臺灣作家詩人，香港本地作家少之又少。而臺灣也幾乎是這本刊物唯一發行到的最遠的他方。最令我們珍惜的是，丁平老師最眷顧我們這些在臺軍人出身的作家詩人，在上面發表作品最多的除了當時尚是一名士官的辛鬱外（共計26篇詩文），另外楚戈、商禽、張拓蕪、大荒，司馬中原等人均由鄭愁予利用在海關服務的方便代轉了許多稿件和稿酬。在當時軍人待遇極低的時代，這種雖說微薄的接濟卻也是如甘霖般的珍貴。

　　其實丁平老師是一位本性隨和，熱心誠懇，信實有加最願照顧弱勢後輩的老好人。他和來臺的覃子豪老師一樣，都是言語不多、謹小慎微、非常低調，從來遠離政治，畏懼意識形態近身的高尚長者。丁

平老師之所以和覃子豪一樣這麼照顧這些臺灣軍系出身的詩人作家，多半也是他的文學信仰與追求與臺灣成長中的這些後輩作家詩人有相近相通之處，即是筆下都不走偏鋒，作介乎現代與傳統之間的溫和文學追求，而且極力避免晦澀難懂的超現實表現，要求作品內容與讀者之間沒有隔閡，都能看得懂。譬如那時大家都寫菲律賓的美軍公墓〈麥堅利堡〉，普遍都認為羅門首寫的那一篇寫得最具現代性，也最成功，但丁老師卻認為覃子豪先生寫的意境更高遠，意象表現更具體，不花俏。可見他對現代詩有很平實、不凡的鑑賞能力，他也喜歡洛夫和瘂弦那些現代作品。但他自己從來不寫現代詩。

　　海峽兩岸開放交流後，丁平老師那時已在香港的廣大學院開班講授文學創作課程。此時很多原存在兩岸對峙時期的顧忌和誤解，均已因交流而消失或諒解，丁平老師乃利用臺灣作家詩人來往大陸取道香港的方便，邀請臺灣作家在他的創作班作短時間的客座講授，或擔任客座教授指導學生寫專題研究論文，以獲得正式學位。蓋當時在港的廣大學院前身即為廣州大學，為當時中華民國教育部所轄的廣東地區高等教育學府之一，遷港後的學院一切仍承舊制，所授學位仍為有效，獲得國民政府承認。當時的臺大張健教授及我均曾獲聘指導學生撰寫論文獲得學位。在廣大學院丁平老師培植出了好多香港在地的文學青年，是當今香港文學界一批年輕生力軍，在為香港的中國文學貢獻出他們的所學。

　　總之，在中國近代文學史上，丁平先生是一位處境非常特殊，不畏世局混亂，是非難明，全心在為中國文學的興滅繼絕作出功德貢獻的一代學人，我們應該永遠的記得他，感恩他。

向明

二〇一九年四月十八日

許序
八方尋訪談《文藝》

　　一九六〇年代初開始學習寫作時，我曾是現代主義的信徒，因出道太遲，《詩朶》、《文藝新潮》、《新思潮》、《香港時報‧淺水灣》等早已成為歷史名詞，但對於當時出版的《好望角》和《文藝》則非常喜愛，期期追讀。

　　《好望角》初期是報型，後來改成三十二開本，頁數不多，看似非常單薄，加上此刊重視翻譯及前衛學術理論，發表創作的篇幅自然不理想，對一個全力追求創作的中學生來說，雖然覺得它深奧，卻是追隨、學習的好領域。

　　《文藝》則是十六開本的雜誌，頁數不少，每期可刊好幾萬字，頗能滿足少年人「貪多」的欲望。加上它發表的作品既有前衛的現代主義，也有傳統的現實主義，而且重創作而少談理論，較容易為大多數人接受。

　　《好望角》創刊於一九六三年三月，至是年十二月止，共十三期，歷時不足一年，據說每期的銷量是一千本左右；《文藝》一九六三年七月創刊，出至一九六五年一月的第十四期止，再加上前期創刊於一九六二年六月的《華僑文藝》，前後出版共二十六期，歷時近三年，每期印三千本，能銷二千多。

　　《文藝》的出版時空及銷量均遠較《好望角》為多，然而，在讀者及研究者的領域中，知道《好望角》的卻遠遠多於《文藝》，這正正是馬輝洪整理《遺忘與記憶——丁平及其時代訪談錄》要探討的原因之一。

我一九八六年一月發表於《香港文學》第十三期的〈從《華僑文藝》到《文藝》〉，應該是較早提到《文藝》的文章，其後雖零零星星都有人談《華僑文藝》和《文藝》，卻一直沒有人全面整理及研究這本文藝期刊。

直到二〇一二年的某天，馬輝洪來找我，商借我手上的《華僑文藝》及《文藝》，說是想透過整理這種期刊，從而探討臺灣與香港的文化交流。馬輝洪是香港中文大學的圖書館人，他向我借《華僑文藝》及《文藝》，說明此刊十分珍貴，我手上的那批，應該比圖書館要多，希望他在研究完他的專題後，把它們留在中大的圖書館珍藏，讓後來者繼續使用。

二〇一二年六月我接受馬輝洪訪問的〈文學路上的良師〉，應該是這個計畫的第一篇。我在那次訪問中提出了：如果要全面了解丁平和《文藝》，必須訪問盧文敏。此人是我的前輩，畢業於臺灣師範大學，熱愛文藝的熱忱遠超於我。據說他是中學教師，原本可以過優裕的生活，偏偏因對文藝的出版產生了濃厚的興趣，辭去教職以後，全身投入寫作與出版的大洪流，後來更跑到臺灣的文藝界去發展，正是港臺兩邊走，了解港臺文化交流的主要人物。我說盧文敏是了解《文藝》的鑰匙，是因為他在港奮鬥期間曾是《文藝》的編委之一，作為內部人的盧文敏，自然非常清楚《文藝》的來龍去脈。

可惜的是此人神龍見首不見尾，我聯繫了他的「師傅」慕容羽軍，仍見不到他。最後還是柯振中有辦法，他在洛杉磯師大的同學會中找盧文敏，卻是無人知道；最後用了他的原名盧澤漢，終於找到了他的電話。柯振中、盧文敏和我隨即見面歡聚，馬輝洪順勢也訪問他，寫成了〈文學理想的追尋〉，對丁平和《文藝》的了解才跨進了一大步。

經過了這次訪問，勾起了盧文敏的出版欲與創作魂，其後他出版

了短篇小說集《陸沉》（香港：練習文化實驗室，2017）和《悶雷》
（香港：初文出版社，2018），又不停創作新詩，幾乎天天有新作面
世，再度活躍於中港詩壇……，雖然這只是題外話，其實也算是馬輝
洪探討丁平的副產品。

　　自二〇一二年六月我接受馬輝洪的訪問起，其後他訪問了夏傳
才、辛鬱、張健、司馬中原、盧文敏……等十四人，這些人物包括了
丁平的朋友和學生，可以從各個角度去了解丁平在文學國度的努力及
奉獻。一篇篇訪問稿陸陸續續出現，至二〇一八年十一月訪問張默的
〈詩人的願望〉止，這十餘篇訪問共花了七年時間，飛臺灣的次數也
不少，可見馬輝洪的恆心與韌力實在令人佩服！

　　在本書訪問的這批人中，夏傳才是國內的，是唯一談丁平早年在
內地生活的史實，其餘臺灣的有向明、綠蒂、涂靜怡……等七人，香
港的有古兆申、李學銘、草川……等六人，比例接近，正好符合了他
「探討臺灣與香港文化交流」的主題。這批訪問除了問及被訪問者與
丁平交往的經過，還問到他們怎樣與文學結緣的史實，很可以作為他
們個人勇叩文壇大門之歷史來看。

　　這十多篇文章中，我特別重視的是訪問辛鬱的〈覃子豪、丁平與
《華僑文藝》〉和附錄中馬輝洪的〈一九六〇年代港臺文學交流的場
域──以《華僑文藝》為考察中心〉。

　　辛鬱是覃子豪的得意弟子，他是最早透過覃子豪投稿給《華僑文
藝》的臺灣詩人。覃子豪病逝，辛鬱組織了追悼特輯以外，還負起
《文藝》與臺灣作家的「橋樑」重擔，是最了解《文藝》臺灣部分的
人物，資料珍貴且可信性高。

　　《華僑文藝》和《文藝》一直少人談及，其港臺現代文學交流的
作用是大眾未曾發現的。馬輝洪花了七年時間東奔西跑、左問右問，
閱讀了全套雜誌，最後寫成的這篇〈一九六〇年代港臺文學交流的場

域——以《華僑文藝》為考察中心〉，不僅是研究丁平與《文藝》的
重點成果，還是港臺現代文學交流的引子，是另一本鉅著的起點，我
們拭目以待！

許定銘

二○一九年六月

相識五十載

——夏傳才訪談記

夏傳才（1924-2017），中國著名學者、《詩經》學權威，主要著作有《詩經研究史概要》、《詩經語言藝術新編》、《思無邪齋詩經論稿》、《二十世紀詩經學》等，另主編多套大型《詩經》研究叢書包括《詩經要籍集成》（初編）、《詩經要籍集成》（二編）、《詩經研究叢刊》、《詩經學大辭典》；曾任河北師範大學中文系教授、香港廣大學院講座教授等；一九九〇年籌辦「中國詩經學

夏傳才先生
攝於二〇一六年三月二十七日

會」，擔任會長一職二十年，至二〇一〇年正式退任。[1] 夏先生於二十世紀四十年代初認識丁平先生，在桂林與他有一面之緣，其後半個多世紀沒有見面，直到一九九六年在香港重遇。兩人雖然只有短短三年時間往還，但交情深厚。二〇一四年七月三十日，筆者得到夏先生前秘書曹建芬女士協助，筆訪年過九十的夏先生，特此鳴謝。

1　夏傳才先生的詳細生平及著述，可參李麗文：〈夏傳才著作目錄〉，《詩經研究叢刊》第29輯（2018年7月），頁324-420；郭全芝：〈夏傳才先生的為人與治學〉，《淮北師範大學文學院》第41卷第2期（2018年3月），頁65-69；張亞欣：〈夏傳才《詩經》研究綜論〉，《詩經研究叢刊》第11輯（2006年7月），頁131-178等。

以下夏傳才先生簡稱「夏」，馬輝洪簡稱「馬」

馬：夏先生可否談談青少年時期求學的經過？

夏：開蒙讀私塾五年多，學《千家詩》、《詩經》，開始喜歡詩。以後讀中學，因為讀過私塾，古文底子好點，作文常受老師表揚，也曾在地區作文比賽獲大獎，又被當地報紙刊登，因此對寫作發生興趣。

馬：夏先生如何踏上文學的道路？

夏：抗日戰爭開始，為了參加抗戰，我到第五戰區戰地服務當小演員，同志們都喜歡文藝，我開始讀新文學和外國文學作品，為了宣傳任務，也給戰區的報紙寫點小東西。向《文藝陣地》投稿，與茅盾先生通信，受不少啟發。一九四〇年三月十五日西北最大的報紙《甘肅民國日報》副刊《生路》以全版篇幅，發表我的三百五十行長詩〈麥叢裡的人群〉，副題「徐州突圍半月記」。

馬：夏先生早期創作的新詩有沒有受到其他作家的影響？

夏：中國新詩人我喜歡艾青，外國詩人喜歡拜倫、普希金、葉遂寧，最初的習作有模仿的痕跡。

馬：為什麼後來不再寫新詩，轉為創作舊體詩詞？

夏：我不會依照「在延安文藝座談會上的講話」的要求寫作，寫的詩和劇本挨批。我不靠寫詩安身立命，有我自己的職業，做我的本職工作，何必再寫？但是，身處逆境，生死榮辱，時常激動心靈，「詩者，志之所之也，在心為志，發言為詩」，「情動於中而形於言」，有些激情，不吐不快，而舊體詩有固定格式，五絕二十字，七絕二十八字，律詩也不過四十字、五十六字，便於構

思，一見一思，吟吟哦哦即可成詩。紙筆不便，舊體詩有韻律，不用紙筆，也記得住，於是就寫舊體詩詞。我認為在某些題材領域，舊體詩仍有生命力。

馬：抗戰後，夏先生從事哪些工作？

夏：當過一段時期記者，以後就到晉察冀邊區參加解放戰爭。

馬：請夏先生簡述從事中國古典文學研究的經過。

夏：一九四九年後，我在大學教書。工作需要，要把課講好，不能只念課本，要講點課本沒有的學識，不研究就講不好課，會被學生轟下來。越研究越覺得自己知識不足，於是用功治學。

馬：夏先生可否談談成立「中國詩經學會」的始末？

夏：成立「中國詩經學會」是傳承中華元典的需要，是推進學術研究和國際文化交流的需要。同行們推舉我牽頭籌辦，從一九九○年正式籌備，到二○一○年，大家選我當了二十年會長，人老了，幹不動了，辭退下來。

馬：過去二十年，夏先生認為「中國詩經學會」做了哪些主要的工作？

夏：「中國詩經學會」做了四件大事，一是繁榮了《詩經》學術研究，使《詩經》學成為當代普遍重視的學術；二是團結了海內外六、七百名《詩經》學者，建立了國際聯繫網路，被有的海外人士稱為「國際詩經學會」；三是出版了一批具有文獻性的叢書和辭書，得到國家領導機關的認可；四是幫助河間、洽川、房縣開發地方文化資源，促進地方經濟、文化發展。

馬：夏先生在《萍之歌──丁平詩集》的序言〈丁平走了〉中提到抗

日戰爭時期，在桂林已經知道丁先生在一九四〇至一九四一年間
參加「抗戰詩歌工作隊」，並有「面識之緣」。[2] 請夏先生談談
「抗戰詩歌工作隊」的性質和工作，以及丁先生參加這個工作隊
的始末。

夏：「抗戰詩歌工作隊」是當時一部分詩人的自發性組織，即寫出極
短的小詩，貼在街頭、村莊的牆上，類似貼標語。這些詩十分短
小、通俗，稱「街頭詩」，用以團結人民、鼓舞人民，堅持抗
戰。我只知道丁平那時在桂林，提著漿糊桶到街上貼街頭詩。上
世紀八十年代聽人說防空時有個毛頭小伙子扶持體弱者，當晚還
捉來一條狗，燉狗肉讓大家吃。上世紀九十年代與丁平談起這
事，丁平說那個小伙子就是他。

一九九七年八月七日，丁平在漓江遊船上憑欄遠望，追憶抗戰期間的往事。

---

2 參見夏傳才：〈丁平走了〉，收入丁平：《萍之歌──丁平詩集》（香港：香港中國文
學學會，2009年），頁 i 至 vi。

馬：丁先生與艾青、胡風的交情如何？

夏：當時匆匆一面，丁平的這些事，我全不了解。不過，一九四一年，艾青已到延安，胡風留在重慶，二人當時不在桂林。

馬：夏先生對丁先生在桂林時期創作的新詩有什麼印象？

夏：事隔七十多年，已經全無印象。

馬：夏先生當時是全國抗敵文協會員，參與過哪些文藝抗敵工作？

夏：一九三八年武漢大會戰前，各種民間抗敵團體紛紛成立，「中華全國文藝界抗敵協會」是其中之一，純屬民間團體，只有國民政府軍事委員會政治部給一點經費支持（周恩來是政治部副部長，郭沫若是第三廳廳長，田漢、陽翰生是上校科長），在話劇演出活動上成績較顯著，文學創作只是各人寫各人的，投寄報刊發表，沒有什麼集體活動。我曾協助趙西籌建文協西北分會，中途重慶來信說延安在籌辦西北分會，我們的工作就停了。

馬：丁先生後來為什麼離開「抗戰詩歌工作隊」？又為什麼到中山大學繼續學業？

夏：不知道。

馬：一九九六年，夏先生應臺灣中央研究院邀請前往演講，返程路過香港時在一宴會上，主人邀請丁先生作陪，因而重遇他。夏先生可否談談這次宴會的情況？

夏：這次宴會的主人是詩人藍海文，單位是香港詩人協會。事過二十年，一頓飯，還有何人，哪裡能記得。

馬：請夏先生談談一九九六年七月丁先生獲「中國詩經學會」推舉為
　　名譽理事的原委。

夏：丁平為人熱情，對文學工作積極肯幹，「中國詩經學會」要聯繫
　　海外朋友，尤其是香港快要回歸祖國，有必要在香港建立聯絡
　　點，所以推舉丁平為名譽理事。

馬：一九九七年，夏先生邀請丁先生參加在桂林舉辦的「詩經國際學
　　術研討會」。會議期間，丁先生與夏先生同遊漓江，並談到昔日為
　　了「廣大學院」的經費，往返港臺兩地。夏先生可否談談此事？

夏：丁平是名譽理事，學會開會當然要邀請他。他常去臺灣，找廣大
　　學院院長籌募經費的事，是丁平告訴我的。丁平去臺灣，只有兩
　　件事，一是參加臺灣的詩歌界活動，二是找學院的老闆。

馬：一九九八年五月九日，夏先生蒞臨香港大學專業進修學院，為丁
　　先生及其學生主講「關於新詩和舊詩的創作問題」。請問夏先生
　　為什麼選擇這個講題？

夏：講這個題目，因為新詩與舊詩爭論了幾十年，「五四」新文學運
　　動完全排斥舊體詩，八十年代起許多新詩讓人看不懂，而舊體詩
　　作者大為興盛，瞧不起新體詩。我的意見是新體詩、舊體詩只是
　　體裁不同，詩的新舊之分不在體裁而在內容，詩之優劣也在於內
　　容和藝術。我認為選用何種體裁是詩人的自由，我們主張詩創作
　　的題材、體裁、藝術風格的多樣化，百花齊放，自由競爭。

馬：一九九九年八月四日至八日，丁先生率團參加在山東濟南舉行的
　　「詩經國際學術研討會」。會議期間，丁先生獲頒「中國詩經學
　　會」「第一屆學術研究成果評獎」的「潁南杯」及「特別榮譽
　　獎」。夏先生可否談談丁先生獲獎的原因？

夏：因為丁平一生從事詩歌創作、研究和教學工作，在香港培養文學
　　工作者，也為「中國詩經學會」發展了一批香港會員。

馬：抗戰後五十年來，夏先生從沒見過丁先生。由一九九六年重遇丁
　　先生到一九九九年他逝世為止，夏先生與丁先生只有三年時間交
　　往。請問夏先生對丁先生有沒有未圓的心願？

夏：對丁平逝世，我很惋惜。丁平走了，文學界少了一位辛勤的耕耘
　　者，我也少了一位好朋友。

馬：丁先生逝世十周年出版了他的詩集《萍之歌——丁平詩集》，夏
　　先生在〈丁平走了〉一文中略為談到丁先生的詩作。夏先生可否
　　詳談他詩作的特色？

一九九八年五月九日，夏傳才（前排右四）演講後與丁平
（前排右五）及學生合攝。

夏：這個問題不好詳談，我與丁平相處很好，從來不談政治。

馬：除了文學教育外，夏先生認為丁先生在文學方面還有哪些貢獻？

夏：丁平是位熱情、熱心、誠懇、信實的人，能夠團結文學界不同政
　　治態度、不同藝術流派的朋友，這很難得。

馬：「香港中國文學學會」多年來一直堅持參與「詩經國際學術研討
　　會」，請夏先生談談「香港中國文學學會」在《詩經》研究方面
　　的工作。

一九九九年八月六日，丁平出席中國詩經學會「99濟南詩經國際學術研
討會」期間，與夏傳才（中）及學生何江顯（左）攝於山東曲阜孔林。

夏：「香港中國文學學會」可以說是「中國詩經學會」的團體會員，積極參與詩經學會的活動，有人提交的論文有水準，幫助收集在香港的研究資料有貢獻，新近又參加《世界漢學詩經學》的撰寫工作。

馬：總體來說，夏先生對「香港中國文學學會」有什麼印象？

夏：「香港中國文學學會」是一個真正的文學工作者的群體，每個人都善良、正直、誠信，都是我的好朋友。

——原刊於《文學人》總二十六期（2015年5月），頁32-35。

覃子豪、丁平與《華僑文藝》
──辛鬱訪談記

　　辛鬱（1933-2015），臺灣著名軍中作家、詩人，一九五二年開始寫作，曾加入《現代派》及《南北笛》詩刊，曾任《前衛月刊》、《創世紀》詩刊、《人與社會》等刊物編委，十月出版社總編輯、《科學月刊》社長、《國中生月刊》社長兼總編輯；著有詩集《軍曹手記》、《豹》、《在那張冷臉背後》，小說集《未終曲》、《不是鴕鳥》，選集《辛鬱自選集》、《辛鬱‧世紀詩選》等。辛鬱先生雖然不是藍星詩刊同仁，但與覃子豪先生的關係亦師亦友，在覃先生患病晚期貼身照料，並受託負責《華僑文藝》臺灣稿件的發稿工作。在《華僑文藝》發表文學作品的臺灣作家中，以辛鬱先生的作品最多。本訪問稿經辛鬱先生審閱定稿。

辛鬱先生受訪時攝

日期：二〇一二年七月六日（星期五）
時間：上午十時至十一時半
地點：臺北辛鬱先生家

以下辛鬱先生簡稱「辛」，馬輝洪簡稱「馬」

馬：今天很高興在臺北與辛鬱先生見面，談談丁平先生及其主編的
　　《華僑文藝》[1]。請辛鬱先生與我們分享踏上寫作道路的經過。

辛：我們軍中寫作的，因為環境比較閉塞，與外界聯繫不易，所以多
　　半靠自己摸索，最重要的資訊來源，是偶爾讀《中央日報》副刊
　　及軍中發行的雜誌。我的第一篇作品，發表於一九五〇年代初
　　期，是在《野風》半月刊上的一首短詩，內容已完全忘記；隨
　　後，經由詩人沙牧（我軍中的長官）提攜鼓勵，開始給紀弦老師
　　的《現代詩》投稿。《野風》上那首詩，用的筆名叫「雪舫」。

馬：辛鬱先生可否談談與覃子豪先生的交往？

辛：一九五二年三月，覃老師在臺灣糧食局任職督導員，經常視察臺
　　灣各地糧食生產的狀況。有一段日子，他先後在臺灣南部、花
　　蓮、臺東等地區工作。昔日的交通沒有現在的方便，由臺北到臺
　　東沒有火車，只能坐大巴，但路不好走，非常辛苦。雖然可以坐
　　飛機，但大家都不太放心坐那些C四十六、四十七型發動式老飛
　　機，因為這些飛機的安全度與今天噴射機的相差很遠。覃老師談
　　及這段日子時，經常跟我們說：「儘管我這麼忙碌、這麼勞累、
　　這麼困難，我還是要堅持辦《藍星詩刊》。」我們都知道，《藍星

1　《華僑文藝》於一九六二年六月創刊，由丁平先生主編，一九六三年七月改名《文
　　藝》，一九六五年一月停刊，共出版了二十六期。除非特別註明，本書中《華僑文
　　藝》概指早期的《華僑文藝》及後期的《文藝》。

詩刊》的編輯和行政工作都由覃老師負責。我、楚戈、商禽、管管等本來是《現代詩》的，後來是《創世紀》的，卻不是藍星的成員。話雖如此，覃老師仍然很關心我們這些年輕作者，與我們的關係很好。我非常尊敬覃老師，所以經常寫稿給《藍星詩刊》發表。

馬：具體來說，覃子豪先生如何鼓勵你們寫作？

辛：覃老師的生活已經非常忙碌，仍然惦念我們在文學上的發展，一方面在寫作上指導我們，例如用字遣句、語言的結構等，另一方面幫我們發稿到外地，爭取更多稿費。那個年頭，臺灣太窮了，寫文章只能拿到一點點稿費；於是，他想到可以投稿到香港及別的地方去。他每次發稿到外地後，往往告訴我們什麼時候寄稿子出去，投到哪一份期刊等。那時候，《華僑文藝》還沒有創刊，他就發稿子到《祖國周刊》、《中國學生周報》等刊物。五、六十年代是政治敏感的年代，這些刊物統稱為「第三勢力」，得不到臺灣國民黨的信任。因為我們是軍人，在創作上受到很大限制。如果上司知道下屬在香港發表作品，就會作出干涉。要不然，他們也會受到牽連，影響日後的發展。因此，我們會盡量避開軍中的郵政通訊系統，以免被人發現。覃老師為了我們，甘冒政治風險，把我們的稿子夾雜在他的稿子裡寄到香港去，以圖避人耳目。覃老師藉此減少我們承受的政治壓力，讓我們可以放開包袱，盡情創作。所以，我們這一群軍中作家都非常感謝他對後輩無私的照顧。

為了掩人耳目，除了「辛鬱」外，我還用過許多筆名，包括「古渡」、「向邇」、「雪舫」、「白步」、「白涉」、「丁望」、「經楓」、「盛乃承」等來躲避身分，以免令軍隊中的政工主管為難。有一次，

大概是一九五四年吧，我寫了一首詩，內容說頭髮受之父母，儘管服役時要剪掉，至少讓我留一點吧，因為剪光了就好像切斷了與父母的關係。這首詩在臺灣《新生報》發表後，我遭到警告，並記錄在案，影響了日後的升遷。

馬：辛鬱先生如何認識丁平先生？

辛：我最初在香港發表的作品，都是覃老師幫我寄去的，有些作品在香港刊登了也不知道。你剛才給我看《華僑文藝》的目錄，勾起了許多昔日的片段。大概在一九六二年的時候，我透過覃子豪老師認識丁先生。那時候覃老師還沒有生病。我在《華僑文藝》創刊號的作品，也是他幫我寄過去的。大概丁先生認為我有些作品還可以，所以他跟覃老師說希望我跟他直接聯絡。於是，覃老師囑我直接寄信給丁先生，我就寫了一封信給丁先生，後來刊登在《華僑文藝》。我這樣做固然是出於覃老師的鼓勵，同時也為了省卻覃老師幫我寄稿子的麻煩。覃老師的收入不多，還經常要幫很多後輩發稿子，負擔很重。我可以自己發稿子的話，就盡量自己做好了。我想丁先生顧念到覃老師的情況，所以要我直接寄稿子給他。從這時候開始，我跟丁先生就直接交往了。

一九六三年三月三十一日，覃老師生病入院，他把轉稿子的任務交託給我，還叮囑我說：「臺灣有很多軍中作家值得鼓勵，你盡量聯繫海外的刊物，把他們的稿子介紹到外面去。」當時，丁先生在一所學校教書，我都是把稿子寄到學校去的。後來，我不僅寄詩人的稿子到《華僑文藝》，也寄小說家鄧文來等人的稿子。除了《華僑文藝》外，我也有發過稿子到其他香港雜誌。[2]

---

2 辛鬱曾於《中國學生周報》、《文藝季》、《好望角》等刊物發表作品。

本來，向明是藍星詩社的同仁，跟覃老師更親近一點，但他當時在外島服役，無法照顧覃老師。我與覃老師住在臺北，他生病後，我前往醫院也很方便，所以負起照顧覃老師的責任。覃老師在一九六三年十月十日逝世，儘管我們都很傷心，仍籌辦了大型的葬禮。現在每逢覃老師的忌日，包括向明、麥穗、曹介直等人仍會到墳前去看看他。

覃老師逝世後，我繼續做轉稿子的工作，直至一九六四年中我患肺結核病為止。我是在工作單位感染到肺結核病的，有一天忽然大量吐血，部隊本來要送我到隔離療養院，但我拒絕了，因為我聽說療養院的設備很糟糕，醫療條件也很差，凡是送進去的病人都出不來的。當時，我恰好從《華僑文藝》、《中國學生周報》拿了一些稿費，足夠我在臺北附近租一個小房子療養身體。

軍方為了向大陸廣播，於一九六一年成立了光華電臺，由著名的小說家尼洛任臺長。他很喜歡現代詩，所以特別照顧軍中的詩人，包括楚戈、張拓蕪、麥穗和我。電臺每天都需要大量廣播稿，所以我在患病期間為他們寫稿。

馬：我統計過《華僑文藝》的作家及作品數量，在臺灣作家中發表最多作品的是辛鬱先生，包括以「古渡」、「向邇」兩個筆名發表的共二十六篇。

辛：那段日子我還在軍隊服役，生活很窮困。我在《華僑文藝》發表了這些作品，的確賺了一點稿費。

馬：稿費是否由丁平先生寄來的？

辛：丁先生不管稿費，是《華僑文藝》一位姓黃的先生負責的，詳細情況我已記不清楚了。在六十年代來說，《華僑文藝》的稿費是

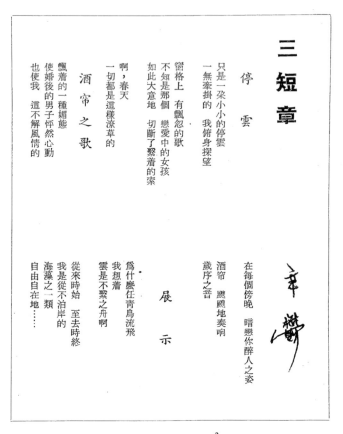

辛鬱〈三短章〉[3]

蠻好的。我現在可以透露一件舊事:當年,所有從香港寄來給我的信都會經軍方審查,所以我收到香港的信件、稿費是很麻煩的事情。當時,我有一位好朋友在政治大學圖書館工作,他告訴我從香港寄到圖書館的信件並不需要審查,他可以幫我代收香港的來信、稿費等。於是,我通知香港雜誌的編輯把稿費寄到政治大學圖書館去,繞過審查的機關,避免了不少政治上的干擾。當時,我收到的稿費是最多的,因為我在香港及其他地方發表的作

---

3 辛鬱:〈三短章〉,《華僑文藝》第1卷第3期(1962年8月)。

品也是最多的。值得一提，大荒、張拓蕪、張默等在那段日子也有作品在香港發表。

馬：辛鬱先生在《華僑文藝》發表的作品有沒有結集出版？

辛：有些收進我的詩集，其餘的我都沒有保存下來。那些年，我曾經有少數作品一稿兩投，同時在臺灣和香港發表；在臺灣發表的作品我都保存下來，也有結集出版。

馬：一九六五年《華僑文藝》停刊後，辛鬱先生與丁平先生的交往如何？

辛：《華僑文藝》停刊後，我們仍然保持聯繫，偶爾我會發一些稿子給他，他會提一些意見寄回來。除了我，楚戈、管管、大荒、鄧文來等跟丁先生也有很密切的聯繫。丁先生喜歡玉，經常託人帶一些小玉器送給我們，並附有小卡片註明玉器的品種、出土年代等詳細資料。我已把他送給我的玉器收在保險箱，留為紀念。我知道臺灣很多朋友都收過丁先生這些禮物。

馬：辛鬱先生與丁平先生什麼時候見面？

辛：我現在也說不清楚了，大概是一九七六、七七年吧，菲律賓華僑詩人平凡出面，邀請我們臺灣作家到那裡訪問，包括張默、管管、蕭蕭等八位。回程途經香港，我們就跟丁先生見了面。我們這次在香港逗留四天，除了丁先生外，我們還見到馬博良、蔣芸、藍海文等作家。其實，很多臺灣作家到香港去，都會跟馬博良聯繫，因為他是美國領事館代表，臺灣政府就不會懷疑了。平常的日子，我跟丁先生都是書信往來，互相問候。

我還記得一件事，也是在一九七○年代發生的。我不曉得丁先生

從哪裡知道軍方有一個規定，就是軍人外出時可以穿便服。於是
他想盡辦法寄一批衣服過來，最後透過鄭愁予在基隆海關工作的
方便，不用打稅就能把衣服寄給我們。丁先生寄來的衣服蠻多，
我、楚戈、商禽、張拓蕪、大荒和許多相熟的朋友到鄭愁予家裡
拿衣服。丁先生在包裹裡還附有一封短信，說這些衣服已經買了
很久了。他的意思就是說如果我們發胖了，這些衣服就不合穿
了！我拿了一套完整的西裝，剛好趕上在楚戈與西蒙的婚禮上穿
著。丁先生還同時寄了一些餅過來，鄭愁予拆開包裹看到後想：
經過這麼長時間，這些餅會不會壞掉呢？他嚐過後說這些餅非常
好吃，還叫我們一起吃。我曾經在雜文裡，提及丁先生寄衣服給
我們的軼事。

一九九〇年代以後，丁先生帶團到臺灣來，我們在臺灣見面，書
信就少起來了。

馬：覃子豪先生有沒有談過他與丁平先生的交情？

辛：他沒有特別跟我們談過這些事，但他對我們說過我們的稿子將來
　　肯定有出路，因為可以在丁先生的雜誌上發表。覃老師說丁先生
　　在香港文藝圈的人面是蠻廣的，他會把我們的稿子推薦到其他香
　　港雜誌上發表。大概覃老師發了幾次稿以後，我的作品就在《中
　　國學生周報》刊登出來，第一篇文章是〈古寺外〉（1960年2月）。

馬：覃子豪先生有沒有提及他對《華僑文藝》的意見？

辛：覃老師很讚賞這份刊物。我們在《華僑文藝》發稿的臺灣作家認
　　為，這份雜誌有幾個特點：第一、在版面處理上做得很好，「天
　　地」留得很大，給讀者很寬闊、很大方的感覺；第二、在文章開
　　頭附上作者的簽名樣式；第三、連載文章的處理安排恰當；第

四、附上大量插圖，令版面更活潑。

馬：一九六三年十月十日覃子豪先生逝世，《華僑文藝》在一九六四年一月號辦了他逝世的特輯。這特輯在臺灣有沒有產生影響？

辛：《華僑文藝》雖然沒有被禁止入口，但亦沒有公開發行，所以臺灣作家不能夠接觸到這份刊物，知道這個紀念專輯的人不多，影響力也很有限。

馬：辛鬱先生對丁平先生的文學觀有什麼看法？

辛：總體來說，丁先生的創作是非常穩健的，但有時候難免保守一點。他為了維護文學的傳統，費了很多心血。我注意到丁先生對現代文學的態度有兩點：首先，他對現代詩有很強、很銳利的鑑賞能力，無論是怎樣創新的詩作，他都能夠品味到這些作品的意旨，但他基本上從來不寫這類現代詩；其次，他願意在《華僑文藝》推廣臺灣現代詩人的作品，包括洛夫、瘂弦、張默，這說明他的鑑賞力很強。

馬：辛鬱先生認為丁平先生對臺灣做了哪些文學工作？

辛：丁先生在《華僑文藝》介紹了這麼多臺灣作家，已經是很了不起的工作。雖然《華僑文藝》出版時間不長，但有這麼多篇幅發表臺灣作家的作品，說明了他重視臺灣文學的發展。此外，《華僑文藝》把臺灣作家的作品推向更廣大的讀者群，肯定是對臺灣作家的鼓勵。

馬：除了港臺外，《華僑文藝》也發行到南洋一帶，占三分之二的發行量。所以，南洋地區的讀者也可以透過《華僑文藝》讀到臺灣作家的作品。

辛：另外，丁先生總是很熱心的接待到香港的臺灣作家，尤其是詩人朋友，讓大家了解香港最新的狀況，也介紹香港的作家朋友給我們認識，擴大兩地的互動交流。這些工作絕對是丁先生對港臺文學交流的貢獻。

馬：據辛鬱先生了解，《華僑文藝》有沒有對臺灣文學產生過影響？

辛：這一點倒很難說。覃老師透過與丁先生的交情，把我們的作品投到一份陌生的刊物，把我們介紹到一個陌生的地區。從這一點來說，我們當然很興奮，也很樂意向臺灣的朋友推介香港這一份文藝雜誌。因此從第三期開始，《華僑文藝》的臺灣來稿顯然比較廣，已經不僅僅是覃老師的管道了。從總體來說，當時臺灣新文學的發展主要來自兩個群體，一個是軍中作家，另外一個是大學老師，反而社會大眾對新文學都很陌生。由此可知，《華僑文藝》對臺灣文學的影響還是有限的。我說有限，因為《華僑文藝》不能深入民間，少為社會上喜愛文藝的青年人所知。我相信沒有多少臺灣學者引用過《華僑文藝》的材料來討論臺港文學的關係，因為他們完全不知道有這一份刊物。其實，臺灣過去比較多人看的刊物如《文壇》也不過是兩、三千份而已，而且讀者群主要集中在臺北、臺中地區，很少可以到高雄。

馬：辛鬱先生可否談談對丁平先生的印象？

辛：丁先生為人敦厚、誠懇、謙虛，是一位很值得人尊敬的前輩。他為文學的推廣，在一九六〇年代政治環境閉鎖、民智未開、新事物尚未衍生的情況下，是非常不容易的，這份精神，應列入華人文學發展史上。

丁平率領香港中國文學學會成員到訪臺灣。前排左起：辛鬱、張默、羅門、丁平、張健、羅蘭、鄧文來、張國治、何江顯。

馬：感謝辛鬱先生接受訪問，分享了與覃子豪先生和丁平先生的交往，讓我們看到兩位前輩扶掖後進的苦心，也披露了臺灣作家投稿到《華僑文藝》的過程。謝謝！

──原刊於《香港文學》總第三五二期（2014年2月），頁80-83。

兼容並包的丁平

──張健訪談記

　　張健（1939-2018），臺灣著名學者、作家，曾任臺灣大學、中山大學、中國文化大學、香港新亞研究所等多所院校的教授，同時為「藍星詩社」同仁，曾任「藍星詩頁」及《藍星詩刊》主編、《海洋詩刊》主編、《現代文學》編委、中國青年寫作協會、中華民國比較文學會理事、監事、東方詩話學會創會理事、世界華文詩人協會理事；曾獲臺灣政府新聞處優良著作獎、詩教獎、中國出版優良著作獎等獎項；著有新詩《水晶國》、《世紀的長巷》，小說《評鬼傳》，散文《春風與寒泉》、《流金歲月》，評論《文學概論》、《滄浪詩話研究》等逾百種。本訪問稿經張健先生審閱定稿。

張健先生受訪時攝

日期：二〇一三年三月十五日（星期五）
時間：下午二時至五時
地點：臺北張健先生家

以下張健先生簡稱「張」，馬輝洪簡稱「馬」

馬：十分感謝張健先生接受我訪問，談談丁平先生及其主編的《華僑
　　文藝》。請張先生談談開始寫作的經過。

張：我十歲開始寫作，早期曾受余光中、紀弦影響。第一篇作品在
　　《新生報》發表，此後經常在《中央日報》、《中國時報》、《聯合
　　報》、《中華日報》等發表作品。

馬：張健先生什麼時候認識丁平先生？

張：根據我的回憶，是丁先生首先寫信給我，說他是覃子豪先生的老
　　朋友。雖然我當時覺得他的來信有點唐突，但仍然把他當成朋
　　友，後來就開始跟他通信。但是，他從來沒有告訴我他是《華僑
　　文藝》的主編，也沒有在信中提過他在《華僑文藝》上發表我的
　　作品，直至你現在寄這些作品給我，我才知道他當年在《華僑文
　　藝》轉載我的作品。[1]

馬：丁平先生這封信是什麼時候寄給張健先生的？

張：這一點我記不得很清楚，大概是一九六〇年代初吧。我隱約記得

1　《華僑文藝》先後發表張健先生的作品包括〈詩三首：掠過一池企盼、如果陽光依
　　然泛濫、聖母峰的雪在呼喚〉（《華僑文藝》，第1卷第1期，1962年6月）、〈澎湖組曲
　　（之一）〉（《華僑文藝》，第2卷第2期，1963年1月）、〈澎湖組曲（之二）〉（《華僑文
　　藝》，第2卷第4期，1963年3月）、〈澎湖組曲（之三）〉（《華僑文藝》，第2卷第6期，
　　1963年5月）、〈春問〉（《文藝》，第3期，1963年9月）、〈微悟〉（《文藝》，第7期，
　　1964年2月）。

《華僑文藝》裡有一篇小品文有可能是他索稿的，就是以筆名「汶津」發表的〈微悟〉。[2] 除了這篇作品是我寄去香港的，其他都是轉載《藍星詩刊》的作品。其實，丁先生當年如果跟我說要轉載我的作品，我當然會同意。丁先生後來也沒有寄《華僑文藝》給我，所以我從來沒有看過這份刊物，不知道有這一份雜誌。我的記憶力非常好，如果我當時看過這份刊物上有謝冰瑩、覃子豪、墨人等的文章，我一定記得的。

馬：《華僑文藝》刊登張健先生作品時為什麼會有你的簽名？

汶津〈微悟〉

2　見汶津：〈微悟〉，《文藝》第7期（1964年2月），頁30。

張：有可能是丁先生從我的書信上剪出來，然後貼到作品上去的。我
　　為什麼會這樣子說呢？因為我發表創作一般是用「汶津」，而不
　　是用「張健」的。據我的判斷，只有〈微悟〉這篇作品有可能是
　　我寄給丁先生的，其他都不是我寄給他的。

馬：張健先生與丁平先生其後的交往如何？

張：我們後來有通信，但次數不多，大概只有兩、三次吧。

馬：兩位到什麼時候才見面？

張：一九九〇年，我在臺大中文系休假，十一月到香港的新亞研究所
　　擔任中文系教授。我到研究所報到時，剛巧碰見牟宗三教授，我
　　跟他認識，所以就聊上了，日後亦偶然見面。大概在一九九一年
　　年初，藍海文和我的同學野火（即胡振海）帶我去見丁先生。那
　　時候，丁太太病重昏迷，住在威爾斯親王醫院。我跟丁先生第一
　　次見面，就是在這所醫院裡。丁先生是一位非常好的丈夫，每天
　　到醫院照顧太太，我們親眼看到他怎樣為太太擦拭這裡那裡，我
　　心裡面覺得很感動。丁先生當時忙於照顧太太，我也問候了他太
　　太的情況，此外我們稍為談了一下別的什麼，但聊得不多，前後
　　大概只有一個小時。很可惜，現在已記不起來當時談過了什麼。
　　除了工作以外，丁先生每天都要去醫院照顧太太，非常忙碌，所
　　以我後來沒有想過再找他見面。現在想起來也很遺憾，如果當時
　　有機會拜訪他，跟他談兩、三小時，我一定記得住一些事情。話
　　雖如此，這一次見面已經給我很深的印象，他為人熱情、認真，
　　而且坦率、誠懇，對文學的熱愛更沒有話講，我對丁先生的印象
　　一直很好。多年來，我們偶然有一些通信，他後來寄了他的《中
　　國現代文學作家論》給我，[3] 我也寄了一些散文、詩集給他。一

3　丁平：《中國現代文學作家論》（香港：明明出版社，1986年）。

九九八年七月，丁先生與他多位學生到中國文藝協會舉辦古玉展，這是我第二次見他，但當時人太多，只談了幾句而已。這也是我最後一次見到他了。

馬：在文學上，張健先生認為丁平先生有哪些主張？

張：我認為我對他的了解很有限，丁先生大概主張以人為本、情理並重的文學。畢竟，丁先生是一位詩人，比較感性。如果說他推崇現代文學，我不會反對，但我同時認為他也很喜歡一些較為傳統的作家如謝冰瑩、胡品清等。由此可見，他是一位兼容並包的文學人，他的文學趣味是介乎現代與傳統之間。

馬：《華僑文藝》既發表現代作家的作品，也發表傳統作家的作品。這種情況在當時的臺灣文學雜誌普遍嗎？

張：在臺灣主流的文學雜誌中肯定沒有這種情況，至於其他文學雜誌我就不太清楚。由這一點可以說明，現代與傳統並重是《華僑文藝》的特色。我相信《華僑文藝》同時發表兩類作品，與丁先生是覃子豪的老朋友有關係。丁先生曾經在信中跟我說，他們是幾十年的朋友。

馬：張健先生認為丁平先生選刊你的作品時有沒有某些原則？

張：我覺得他刊登的都是一些不太晦澀、介乎現代與傳統之間的作品，譬如〈澎湖詩抄〉是一首我很重視的作品，讀者可以讀懂之餘，也覺得很親切，就是最好的證明。那時候我寫了不少較為晦澀的作品，不見得丁先生會欣賞。不過，我現在的詩風跟以前的不同，比較平易近人。其實，我在報上用筆名「汶津」發表的作品，與我其他前衛、晦澀作品的風格完全不同，讀者根本不會想到「汶津」就是張健。

馬：總的來說，張健先生認為《華僑文藝》是一份怎樣的雜誌？

張：過去我沒有看到這份刊物，剛才翻過目錄一遍，對《華僑文藝》
有兩點印象：一、雖然臺港和海外的作品兼重，但主要以臺港為
主，其中有些臺灣作家的作品甚至比香港作家的還要多，辛鬱就
是一個好例子；二、雖然形式與內容並重，但似乎較為偏重內容
一些，對技巧的要求反而不是那麼嚴格。

馬：現在臺灣還有人談起這份雜誌嗎？

張：沒有，真的沒有。

馬：據張健先生了解，丁平先生為臺灣做過哪些文學工作？

張：丁先生是一位非常熱心的文學愛好者、評論家。他為臺灣做的文
學工作，主要都是從他與覃子豪先生的關係延伸出來的，譬如丁
先生與辛鬱、楚戈的關係，都是因為辛、楚二人都是覃先生的學
生。除了在《華僑文藝》發表大量臺灣作家的作品外，丁先生還
寫了一些賞析臺灣作家的文章，的確推介了一些很優秀的作家，
但也介紹了一些未必那麼優秀的作家，貫徹了他兼容並包的作
風。我猜想他這樣做可能與他教書有關，因為他要兼顧學習能力
高低不同的學生，所以他選了不同水平的作家來介紹。如果每次
談臺灣作家都只拿商禽、洛夫的作品來討論，對學生來說實在太
困難了，一定教不下去。儘管我與他的文學觀不同，而且不大認
同他評價作家的標準，但我還是很佩服他。總的來說，丁先生作
為文學人、文化人，我對他的評價很高。

馬：張健先生有沒有投稿到香港其他刊物？

張：有的，我大學時代曾投稿到《中國學生周報》，後來偶然看到

《好望角》，覺得很適合我當時寫的小說。那時候，我發給《現代文學》和《筆匯》的小說都很「現代」，於是也投稿到《好望角》，其中〈孤獨之後〉是一篇非常前衛的作品。[4] 另外，我寫〈開往嘉義的吉普〉這篇小說時，[5] 正與三毛談戀愛，她十九歲，我廿三歲，但大半年後我們就分手了。她後來在一篇文章裡提到她的男朋友中有一位是臺大中文系教授，她這位男朋友就是我，別人不大知道。另外，我也投稿到《自由人》和《自由報》這些報刊。

馬：為什麼會投稿到香港去？

張：一方面，我在臺灣的圖書館看到這些刊物如《中國學生周報》，就投稿去；另一方面野火幫我把作品寄到這些刊物發表。

馬：覃子豪先生先後在《皇冠》及《文藝》發表了〈麥堅利堡〉一詩，[6] 而張健先生曾撰文〈評三首「麥堅利堡」〉，[7] 評論余光中、覃子豪及羅門的同題詩。張先生可否談談評論覃子豪〈麥堅利堡〉的部分？

張：覃先生在詩的開篇運用了象徵手法，把「麥堅利堡」當成信仰來處理，所以才有前面兩句：「聚信仰於此，信仰就在此」，一開始就把詩題的意境提高了。當然，更重要的是後面能夠配合，真正能夠把信仰這個主題，用具體的意象、具體的比喻、具體的結構把它表達出來。

4　見汶津：〈孤獨之後〉，《好望角》第9期（1963年7月），頁1。

5　見汶津：〈開往嘉義的吉普〉，《好望角》第6期（1963年5月），頁8。

6　見覃子豪：〈麥堅利堡〉，《皇冠》（1963年6月），頁27；又見覃子豪〈麥堅利堡〉，《文藝》第3期（1963年9月），頁108。

7　見張健：〈評三首「麥堅利堡」〉，收入張著《中國現代詩論評》（臺北：純文學月刊社，1968年），頁137-140。

馬：丁平先生在〈「詩的播種者」覃子豪〉一文中論及覃子豪〈麥堅利堡〉，[8] 引用張健先生的分析之餘，亦作了一些補充。丁先生此文定稿於一九八二年，事隔三十年，未知張先生有什麼回應？

張：總體而言，丁先生認為覃子豪的〈麥堅利堡〉不遜色於羅門的〈麥堅利堡〉。丁先生跟覃子豪的友誼很深厚，難免影響了他的判斷。一般來說，大家都認為羅門的比覃子豪的寫得好，這不僅是我的看法而已。所以，我的文章在《聯合報》副刊發表後，受到大家認同，在當時是蠻有影響力的。由此可知，丁先生寫評論時，偶爾會放了些個人情感進去。

馬：丁平先生每天在香港看臺灣報紙的副刊，其中包括《聯合報》副刊和《中國時報》副刊，或因此看到張健先生的文章吧。

張：我當時跟丁先生沒有那麼熟，所以我出版《中國現代詩論評》後，也沒有寄給他。他很可能在《聯合報》副刊看到我的文章，然後在評覃子豪的論文中引用了我的觀點。

馬：張健先生可以談談一九九〇年到香港教書的那段日子嗎？

張：我是在一九九〇年十月份應臺灣教育部的邀請，到香港新亞研究所擔任中文系的專任教授，開了一門「文學批評研究」的課；另外，我還要負責教育部聯教中心的國文和文學史兩門課，教幾所小書院如清華書院、廣大學院等一起上課的學生。換句話說，我每星期要教三門課，每門課兩小時，所以每星期我只要教六小時的課，工作量不太繁重。我當時還有到珠海書院兼課，多拿一份薪水。在港期間，我住在馬頭圍道，每天的生活過得蠻愜意的，尤其是在天光道散步的時光。但是，香港有些學生聽國語有

8　見丁平：〈「詩的播種者」覃子豪〉，收入丁著《中國現代文學作家論》，頁1-59。

點困難，要慢慢適應我的課。我在香港教書的日子裡，也有一些不愉快的經歷。我記得當時國文班上有一位女生的態度囂張，甚至冒犯了我，我當時很惱火，拍了桌子一下，後來其他老師來勸開了。還有，香港有些人喜歡欺負外人，我在《九〇年代心情》裡面提到了一些遭遇，[9] 這裡不重複了。總的來說，我在香港的生活是挺愉快的。一九九一年回臺後，除了轉飛機到大陸以外，沒有機會再到香港了。

張健《九〇年代心情》封面書影

9　張健：《九〇年代心情》（臺北：漢光文化事業股份有限公司，1992年）。

馬：張健先生認為這次到香港教書最大的收穫是什麼？

張：我覺得到外地生活，總有一種「異地感覺」。對寫作人來講，長時間生活在同一個地方，總是不太理想；「異地感覺」可以讓人重新思考生活，是非常重要的經歷。所以，我常常懷念那一年在香港的生活。

馬：感謝張健先生接受訪問，分享你對丁平先生的文學觀和文學工作的認識，以及一九九〇至一九九一年間你在香港生活的往事。謝謝！

——原刊於《文學評論》第二十九期（2013年12月），頁80-84。

漸漸淡忘的往事
──司馬中原訪談記

　　司馬中原，本名吳延玫，一九三三年生，祖籍江蘇淮陰，一九四九年隨軍赴臺；曾獲第一屆十大傑出榮民獎、第二屆《聯合報》小說獎特別貢獻獎、國家文藝獎、中國文藝協會榮譽文藝獎章等；創作以小說為主，兼有散文、傳記，著有小說集《狂風沙》、《荒原》、《靈語》、《失去監獄的囚犯》等，散文集《鄉思井》、《月光河》、《駝鈴》、《雲上的聲音》等百多種，其中多部作品改編為電影，如《路客與刀客》、《大漠英雄傳》、《鄉野奇談》等；曾任電視節目《今夜鬼未眠》和《驚夜嚇嚇叫》主持人、廣播節目《午夜奇譚》主持人。一九六二年，在《華僑文藝》先後發表短篇小說〈向日葵〉和〈野市〉。

司馬中原先生受訪時攝

日期：二〇一七年一月十四日（星期六）
時間：下午四時至五時三十分
地點：臺北司馬中原先生家

以下司馬中原先生簡稱「司」，馬輝洪簡稱「馬」

馬：今天很高興在臺北拜訪司馬中原先生，談談你與《華僑文藝》的
　　關係，以及與丁平先生的交往。司馬先生很早開始創作，而且一
　　生專事寫作，是嗎？

司：我十七、八歲開始寫稿，一輩子寫作，前後共六十多年，出版了
　　一百一十三本書。我早期的作品投到臺灣刊物如《半月文藝》、
　　《綠洲》、《野風》等，後來我把稿子投到南洋地區發表，逐漸受
　　到注意，然後再投稿到香港。可以說，我的寫作是從南洋起家的。

馬：司馬先生早於一九五〇年代開始在《中國學生周報》發表作品，
　　為什麼投稿到香港去？

司：我投稿到香港的刊物，主要是因為稿費比較高。《中國學生周
　　報》與我聯絡的是盛紫娟小姐，她不單用我的稿子，還跟我通
　　信，稿子有不懂的地方她就提出來問我。

馬：司馬先生第一本在香港出版的書是小說《山靈》（1956），[1] 可否
　　憶述出版此書的始末？

司：《山靈》是一個中篇小說，具體的出版情況已經記不住了，我只
　　記得是盛紫娟小姐跟我談出版這本小說的。這本書出版以後，我
　　是蠻高興的。

1　司馬中原：《山靈》（香港：正文出版社，1956年）。

馬：司馬先生當年怎樣知道《華僑文藝》這份雜誌？

司：當年是《半月文藝》的周介塵老師寄這份刊物給我，我看過後覺得還不錯。

馬：司馬先生先後在《華僑文藝》發表了〈向日葵〉（第1卷第4期，1962年9月）和〈野市〉（第1卷第6期，1962年11月），[2]為什麼會把這兩篇小說投到《華僑文藝》？

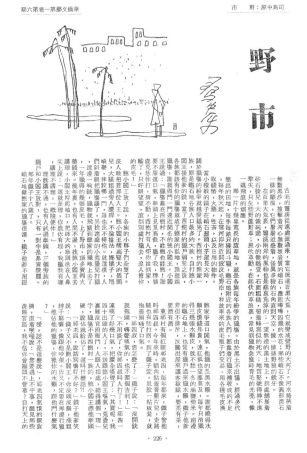

司馬中原〈野市〉

2 司馬中原：〈野市〉，《華僑文藝》第1卷第6期（1962年11月）。

司：我當時寫好了之後，覺得香港的稿費比較高，就投到香港去。我有六個孩子，香港的稿費可以讓孩子吃好一點的奶粉，所以我為香港寫了好多年的稿子。那年代，海外的稿費比臺灣的高一些，香港的更加是臺灣的六倍。

馬：丁平先生是《華僑文藝》的主編，他認為：「司馬中原的〈向日葵〉是描寫軍中生活的；他寫得那樣的生動，如果不是對軍中生活有過周密的觀察與細緻的體驗，而又加上他那熟練的技巧，是不會寫出這樣成功的作品的。」[3] 另外，他也認為：「司馬中原先生的〈野市〉，也是一篇力作。……司馬中原先生的技巧是無懈可擊的，他處理偌大的場面卻是那樣從容，每一個場面、每一個人物，以至每一件微末的東西，都毫無遺漏地予以照應的加以描寫。」[4] 由此可見，丁平先生對〈向日葵〉和〈野市〉都有很高的評價。

司：我覺得丁先生對我兩篇作品的評價太高了。丁先生慧眼獨具，對我這個年輕的作者給予這麼高的評價，我非常感謝。兩篇小說之中，我比較喜歡〈野市〉，曾經以這篇小說的題目為書名出版單行本，這篇小說也收入我的精品集。[5] 我經歷抗戰，不喜歡日本，而日本國旗上是一面太陽，所以我不喜歡「向日葵」向著太陽走的意象，因此我沒有收〈向日葵〉到《司馬中原精品集》。[6]

3　〔丁平〕:〈讀者・作者・編者〉,《華僑文藝》第1卷第4期（1962年9月），頁171。

4　〔丁平〕:〈讀者・作者・編者〉,《華僑文藝》第1卷第6期（1962年11月），頁218。

5　〈野市〉先後收入《靈語》（高雄：大業書店，1964年）、《野市》（臺北：學英文化公司，1985年）、《司馬中原精品集十二：大黑蛾》（臺北：風雲時代出版公司，2008年）。

6　〈向日葵〉先後收入《石鼓莊》（臺北：皇冠出版社，1969年）、《十音鑼》（臺北：林白出版社，1969年）、《凡妮的秘密》（臺北：林白出版社，1976年）。

馬：司馬先生在香港發表的作品也會在臺灣發表嗎？

司：對，香港的作品也會在臺灣發表，多賺一點稿費。

馬：其後為什麼很少在香港發表作品？

司：我後來在臺灣的稿費提高了，尤其是《狂風沙》出來以後，共賣了三十六版，幾十萬本，版稅也提高到百分之十五，比一般百分之八、百分之十要高。我後來轉到風雲時代，也有百分之十二的版稅。所以，我就不用再投稿到香港去。

馬：司馬先生何時與丁平先生首次見面？

司：我第一次到香港時就見到他，但之後聯繫不多。那一次到香港，我去過海底隧道，逛過嗄囉街，還買了一些舊花瓶回來。我雖然去過香港幾次，但對香港還是比較陌生的。

馬：一九九八年「中國文藝協會」邀請丁平先生舉辦玉展，司馬先生有沒有參加？

司：這些事情我生病後已記不清楚了。幾年前，我生了一場大病，住了兩個月醫院，出院以後，我的記憶全都沒有了。出事前，我可以記住前世今生的事，但休養一年只能恢復百分之八的記憶，休養兩年也只百分之十二，現在最多也只有百分之十二了，但我也覺得夠了，過去見過什麼人、發生什麼事、讀過什麼書都記得清清楚楚，也實在太累了。我現在還保存著丁先生送的古玉，留作紀念。

馬：司馬先生知道丁平先生還與哪些臺灣作家有聯繫嗎？

司：有，丁先生跟三毛認識，而且很欣賞三毛。三毛經常到香港出席活動，比我們熟悉香港。香港讀者認識三毛，喜歡三毛，因為她

的作品寫到讀者心裡面去。三毛說話很爽快，有什麼說什麼，自由自在，是一個很可愛的女孩。我與三毛一生見面不到十次，但每次都深談良久，她很喜歡與我聊天，我也很喜歡與她見面。

馬：總的來說，司馬先生對丁平先生有什麼印象？

司：我對他為人處事都有很好的感受，他性格開朗，對人誠懇，對我們年輕人的鼓勵很大，值得我們尊敬。至於他的文學工作，我所知不多，加上香港跟臺灣的差距很大，我不方便評論他在文學方面的成就。

馬：司馬先生曾經出版《司馬中原童話集》（2006）和《司馬爺爺說鄉野傳奇》（2009）兩本兒童故事，[7] 為什麼出版這兩本兒童文學作品？

司：我家中的小孫子多，老爺爺總有幾句話要跟他們講，所以我就寫這些故事給他們看。後來出版社來找我，他們拿到這些稿子如獲至寶，決定出版了。這兩本書很受讀者歡迎。

馬：現在有沒有計畫再寫兒童文學作品？

司：我生病以後沒有再寫作，留在家裡服侍老太太（大笑）。而且，我現在的心態距離兒童太遠，我關心的文化問題，不是兒童能夠明白的。

馬：十分感謝司馬先生接受訪問，追憶五、六十年前與香港文學界互動的往事，特別是投稿到《華僑文藝》，以及跟丁平先生來往的舊事。謝謝！

7　司馬中原：《司馬中原童話集》（臺北：九歌出版社公司，2006年）。另，司馬中原：《司馬爺爺說鄉野傳奇》（臺北：九歌出版社公司，2009年）。

司：我很高興你來看我，如果你今天不來的話，我可能連這些都記不
　　住，答覆不了。

包容多元的《華僑文藝》

——綠蒂訪談記

　　綠蒂，本名王吉隆，一九四二年生，臺灣雲林人；一九五七年開始在臺灣文學雜誌發表作品。一九五二至一九六三年期間，與友人主編臺灣《野風文藝》雜誌；其後，創辦了《野火》詩刊、《中國新詩》、長歌出版社；現任中國文藝協會理事長、中華民國新詩學會理事長、《秋水》詩刊發行人兼主編、《文學人》雜誌社社長；著有詩集《綠色的塑像》、《冬雪冰清》、《四季風華》、《北港溪的黃昏》等多種。一九九五年、二〇〇三年擔任在臺北舉辦的第十五屆、第二十三屆世界詩人大會會長。一九六〇年代曾於《華僑文藝》發表詩作。上世紀八十年代開始，與丁平先生建立深厚的交情，對丁先生與臺灣文壇的聯繫有深刻的認識。本訪問稿經綠蒂先生審閱定稿。

綠蒂先生受訪時攝

日期：二〇一二年七月五日（星期四）
時間：下午六時半至八時
地點：臺北花園酒店六國餐廳

以下綠蒂先生簡稱「綠」，馬輝洪簡稱「馬」

馬：今天很高興在臺北與綠蒂先生談談丁平先生及其主編的《華僑文藝》。我知道綠蒂先生曾主編《野風文藝》雜誌，可否為我們介紹這份雜誌？

綠：《野風文藝》於一九五〇年十一月創刊，先後出版了十三年。由156期（1961年9月）開始，我接手田湜先生主編的《野風文藝》直至192期（1964年10月）停刊為止，共三年多。《野風文藝》是一份綜合性的文藝雜誌，提供園地給大家發表作品。其實，文學刊物最主要的目的，就是作為作者與讀者的橋樑，讓大家在文學的園地上交流、成長。如果能夠做到這一點，就可以培養新人，提拔年輕作家，已經很難得了。

臺灣有些知名作家的早期作品都在《野風文藝》發表，他們願意提起這些青澀的作品，代表他們還記得《野風文藝》這份刊物。當然，他們今天的成就，都是他們多年努力的成果。《野風文藝》對臺灣文壇曾經有過一點點的貢獻，發掘了一些年輕的作家。不過，《野風文藝》一直未曾受到文學史家的注意，十分可惜。

我常常認為，一部公允的文學史是不容易寫的，作者既要全面掌握資料才能了解文壇的情況，也要慎重下筆，藉此擺脫主觀的臆測和推想，才可以避免目前一些臺灣文學史著作的疏漏。

馬：《野風文藝》有沒有發表香港作者的作品？

綠：我們的編輯原則是不分國內與海外的，也沒有區域的限制，因此《野風文藝》有一些來自臺灣以外地區如香港、菲律賓等作者的作品。

馬：總的來說，一九五〇、六〇年代臺灣的文學風氣如何？

綠：當時，臺灣文壇比較蓬勃。譬如以詩歌來說，現在中國大陸的詩歌都是深受臺灣的影響，所以一般都認為臺灣的詩歌走在中國大陸的前面。

馬：請談談認識丁平先生的經過。怎樣知道《華僑文藝》這份雜誌？

綠：我跟丁平先生的交往是從通信開始，透過筆談而認識的，當時還沒有與他見過面。大概是一九六二年，我正在編《野風文藝》雜誌。我們辦刊物的都喜歡透過交換雜誌，認識文友。於是，我把《野風文藝》寄給丁先生，而他也把《華僑文藝》寄給我。我們儘管沒有見面，但已作了刊物的交流。我因而知道有《華僑文藝》這份文藝刊物。

編輯是刊物的靈魂，是最重要的一環。《華僑文藝》能夠刊登很多有分量的作家和作品，當然是編輯的功勞。雖然《華僑文藝》在香港發行，但這份刊物與臺灣文學界的關係，應該說是非常密切的，因為在《華僑文藝》上的作家都是臺灣當紅的、重要的作家。對我個人來說，《華僑文藝》有一份親切感，因為雜誌刊登了我許多老朋友的作品，有些作家已經作古了，譬如洪荒就是其中一個例子。

我第一篇在《華僑文藝》發表的作品是〈南方的星〉（《華僑文藝》第2卷第1期，1962年12月），不是自己投稿的，而是丁平先

生約稿的。後來，我再發表第二篇作品〈海上的過客〉（《文藝》第9期，1964年4月）。那時候，我與丁平先生仍未見面，這兩篇稿子都是從臺灣寄到香港去的。

馬：為什麼沒有繼續投稿到《華僑文藝》？

綠蒂〈南方的星〉[1]

綠：我當時正在編《野風文藝》，需要寫很多稿子。一般來說，我不
　　會一稿兩投，在臺港兩地同時發表作品；而且，我的產量不算很
　　多，不能夠寫更多作品給《華僑文藝》。畢竟，我們不是職業作
　　家，不需要逼著多寫作品，為生活多賺稿費。

馬：這兩首詩有收進詩集嗎？

綠：你把這兩首詩發給我時，我才記起有這兩篇作品。今天重新閱讀
　　這兩首詩，感覺就好像與老朋友見面般親切。我在過去出版的詩
　　集中，都沒有收入這兩首詩。我會在日後出版的詩集中，補收這
　　兩篇早期的作品。

馬：綠蒂先生認為《華僑文藝》有沒有明顯的文學主張？

綠：談到刊物的文學主張，我們必須從文章的風格及觀點來判斷或者
　　體會出來。依我看來，《華僑文藝》重視現代主義之餘，也十分
　　重視現實主義。我從丁先生的談話中，知道他認為文章要有內
　　涵，而且與主題要互相配合，至於表現的方式可以各有不同。

　　我認為丁平先生有一種想法，就是文章是寫給讀者看的，至少要
　　讓他們看得懂，才能夠感動他們，才是好作品。在《華僑文藝》
　　刊登的作品，無論是詩歌、散文、小說，幾乎沒有讓讀者看不懂
　　的作品。很明顯，《華僑文藝》與一九六○年代流行晦澀難懂的
　　文風不盡相同。

馬：一九六○年代的時候，臺灣作家認識《華僑文藝》這份雜誌嗎？

綠：據我了解，當時的臺灣文壇應該對這份雜誌有些認識。為什麼
　　呢？因為臺灣大部分著名的作者都有作品在《華僑文藝》發表，
　　而這些作者都深受臺灣讀者歡迎。所以，《華僑文藝》作為一份

在香港出版的刊物來說，應該是一份備受臺灣作家重視的文學雜誌。

馬：《華僑文藝》發表大量「藍星詩社」同仁的作品，是否與覃子豪先生有關？

綠：丁平先生很早就認識覃子豪先生，所以發表了很多「藍星詩社」同仁的作品。

馬：綠蒂先生是否「藍星詩社」的同仁？

綠：我與「藍星詩社」的詩人都是好朋友，但我不是藍星的同仁。我經常開玩笑說，我是「自由派」的。我認為每一位作者都有自己的風格和特色，不一定要結黨結派。一方面，我與紀弦先生很早就有交情，他現在定居美國，我們時有書信往還；另一方面，我與覃子豪先生都是住在新生南路，經常見面飯聚。無論是「現代派」或者「藍星詩社」的作家，我都可以和他們交朋友。我常常想，如果覃子豪先生活得久一點，我相信「藍星詩社」會有更大的成就，在臺灣可以發揮更大的影響力。

馬：我留意到《華僑文藝》的作者群有一個很特別的現象：臺灣的現代主義與現實主義的作家同時在這份雜誌發表作品，前者如覃子豪、向明、辛鬱等，後者如謝冰瑩、蘇雪林、馮馮等。臺灣有沒有類似的雜誌讓現代主義與寫實主義的作家一起發表作品？

綠：其實這種情況不多，主要因為當時的文學刊物就不多，綜合性的只有《文壇》、《文藝世紀》、《野風文藝》等幾份，詩刊只有《現代詩》、《藍星》、《創世紀》等。譬如《文壇》每一期都有很多作者發表作品，但也只是臺灣部分作家而已，似乎沒有《華僑文藝》的全面。

站在刊物的立場，主編一般都盡量容納各種不同風格的作品，至
於作品的好壞，應該由讀者來判斷。所以，從作者群來說，丁平
先生編的《華僑文藝》較為有分量和多元化；從作品來說，《華僑
文藝》也比較豐富。而且，這些作家的年齡可以相距很遠，有較
年長的，也有較年輕的。這說明了《華僑文藝》的包容性很大。

馬：丁平先生曾經在「讀者‧作者‧編者」裡表示，有讀者不滿他們
的作者群以老作家為主。其實，《華僑文藝》的年輕作家也不
少。我們談談另外的話題：《華僑文藝》的流通情況。根據香港
著名作家、藏書家許定銘先生的說法，當年在香港知道《華僑文
藝》的人不多，主要是因為《華僑文藝》沒有在香港流通。而
且，丁平先生與臺灣的作家的關係比較密切，所以《華僑文藝》
的對象是臺灣讀者，而不是香港讀者。《華僑文藝》對臺灣文學
有哪些影響？

綠：我認為《華僑文藝》對當時的臺灣文學有蠻大的影響。首先，它
發表了這麼多臺灣作家的作品，而且這些作家在當時來說，也是
一時之選；其次，《華僑文藝》刊登大量香港作家的作品，有助
推動兩地的文學交流。除了《華僑文藝》外，香港似乎沒有哪份
文學雜誌刊登這麼多臺灣作家的作品。

一份刊物的風格與水平，跟主編的關係很大。我們可以看到丁平
先生很用心編《華僑文藝》，譬如他在每篇文章都會附上作者的
簽名，以當時的凸版印刷技術來說，每個簽名都要製一個新版，
然後拼到文章內，需要很多功夫，一般刊物都不願意做。

馬：現在臺灣還有人提起這份雜誌嗎？

綠：現在只有老一輩作家會記起或者談起《華僑文藝》，年輕的作者

或讀者都不知道這份文藝期刊的存在。這種情況不僅發生在《華僑文藝》上，臺灣文藝刊物也有類似的情況，當年曾經風行一時的刊物，年輕一代也所知不多，只能夠從歷史的痕跡中去了解，《野風文藝》就是最好的例子。現在，通常在研討會才會提到這些文學雜誌，二、三十歲的年輕人根本沒有機會看過。透過這些研討會，不斷有人提出或者討論這些雜誌，可以喚起大家的記憶和關注。

雖然《華僑文藝》出版不到三年，時間不長，但重要的是它涵蓋了很多著名的臺灣作家，僅僅這一點已經很不容易。而且，好些作者是不輕易投稿到海外的，所以《華僑文藝》能夠發表他們的作品，更加難能可貴。

馬：值得留意的一點是，《華僑文藝》沒有多少中國大陸作家。

綠：當時，中國大陸的文藝受到意識形態的影響，不可能有真正的發展。改革開放之後，情況就不同了。

馬：《華僑文藝》是以美元支付稿費給你嗎？

綠：在當時的臺灣來說，雜誌社發港元支票給我們是沒用的，《華僑文藝》發美元稿費反而更方便。我經常收到香港寄來港元支票的稿費，但面額太小了，我常常沒有領取；有時候，我會把支票退回去，就當作支持他們的雜誌吧。後來，我有一次翻書的時候，還找到一張港幣八十元的支票。

馬：綠蒂先生什麼時候與丁平先生有密切的交往？

綠：我擔任中國文藝協會理事長和《秋水》出版人，經常過港與內地的文藝團體交流，丁平先生經常接風見面，我們的交往就多起

來。我多次經深圳回內地時，丁平先生約我在上水車站的美心餐廳見面，談工作、聊近況。除了發詩稿給《秋水》刊登外，他也組織學生的作品交到《秋水》發表，所以我們的聯繫更加密切。

馬：總結而言，綠蒂先生對丁平先生有什麼印象？

綠：丁平先生不僅是一位詩人、學者，也是一位謙謙君子、溫柔敦厚的人。對朋友、對學生，他的態度誠懇、真摯。作為一位詩人，我始終認為最重要的是作品，其次是他的風格和人格。我懷念丁平先生，就是因為他文如其人，而且他是一位包容性很大的人，臺灣作家都很懷念這位難得的朋友。

馬：感謝綠蒂先生接受訪問，讓我們更加了解你與《華僑文藝》的關係，以及丁平先生與臺灣文壇的聯繫，加深讀者對丁平先生和《華僑文藝》的認識。謝謝！

文學理想的追尋
——盧文敏訪談記

　　盧文敏，本名盧澤漢，一九三九年生於香港，祖籍廣東新會；一九六〇年代初曾辦《學生生活報》、《文藝沙龍》等刊物，一九六三年七月加入《文藝》編委會，與丁平先生和韋陀（黃國仁）先生一起共事；曾出版詩集《燃燒的荊棘》，小說集《陸沉》、《悶雷》，以及大批通俗小說。其作品曾入選友聯出版社《新人小說選》、香港中國筆會《短篇小說選》、香港中文大學人文學科研究所《香港小說選》；一九六一年以新詩〈昇起我們的藍旗〉獲得《中國學生周報》舉辦「新詩創作比賽」第四名，一九六六年更以小說〈陸沉〉獲得《中國學生周報》舉辦「第十五屆徵文比賽」青年組第二名。本訪問稿經盧文敏先生審閱定稿。

盧文敏先生受訪時攝

日期：二〇一三年七月六日（星期六）
時間：下午三時至五時半
地點：尖沙咀香港基督教青年會地下大堂餐廳

以下盧文敏先生簡稱「盧」，馬輝洪簡稱「馬」

馬：請問盧先生如何踏上寫作道路？有沒有得到前輩啟發？

盧：我讀中學時有一位報販鄰居，經常讓我到他報攤拿報紙來看，譬如《晶報》、《香港商報》、《大公報》、《星島日報》、《香港時報》、《華僑日報》等。我在報紙上見到很多人投稿，自己也躍躍欲試。我是在一九五五年開始投稿的，第一篇作品是散文，在《電影日報・大家樂》版（崔魏主編）發表。高三時，我一位中學同學祝康彥（其後成為臺灣研究老子哲學的學者）知道我喜歡寫作，[1] 把我的作品交到他爸爸編的《香港時報》上發表。其後我也投稿給《中國學生周報》、《青年樂園》、《星島日報》與《華僑日報》學生園地版。後來，我接觸到《自由陣線》、《今日世界》、《亞洲畫報》等刊物，喜歡自由主義的作品。我踏上寫作的道路，多少受到文藝界前輩慕容羽軍（李影）先生及劉以鬯先生（其後的《香港時報・淺水灣》及《星島晚報・大會堂》版主編）的啟發，尤其「師傅」慕容羽軍多加指導。此外香港女作家孟君、雲碧琳，臺灣名作家王藍、余光中等也多加啟導。而孟瑤、謝冰瑩等作家更是我在臺灣師範大學（簡稱「師大」）的老師。

馬：請談談五十年代末赴臺進修的始末？期間參與了哪些文學活動？

1　祝康彥著，楊汝舟譯：《老子道德經：通俗中英文本》（臺北：黎明文化公司，1980年）。

盧：我在一九五七年於九龍東方中學畢業後，沒有想過到外地進修，因為父親盧登的木箱生意失敗，家庭環境欠佳。後來，祝康彥告訴我，只要考到入學試，就可以免費到師大讀書，每星期還有二百元臺幣零用錢。其後我考入師大國文學系，一九六一年畢業回港從事文教事業。在臺攻讀期間曾參加「青年作家協會」、「文訊」、臺大「海洋詩社」、師大「縱橫詩社」及「文藝營」等藝文活動。當時，僑委會有一筆經費資助僑生出版著作，王藍推薦我和其他香港僑生余玉書、朱韻成（人木）、胡振海（野火）、鍾柏榆、張俊英等出版《五月花號》，[2] 更蒙李樸生（僑委會長）、作家徐速與王藍賜序；後來，經覃子豪和余光中推薦，我獲僑委會資助出版了個人詩集《燃燒的荊棘》。[3] 我在臺除繼續投稿香港之報刊外，也投寄臺灣《中華日報》、《青年戰士報》、《時代青年》及《臺灣文藝》等雜誌。此外，也參加過「藍星詩社」、「創世紀詩社」及「中國筆會」的文學活動，結交同一代之作家文友王憲陽、桑品載、歐陽惕、周伯乃、李藍、蔡文甫、段彩華、魏子雲、張默等。至於個人寫作範疇甚廣，除熱心詩作外，也愛寫小說、散文、評論等，[4] 更常與蘆荻、羊城、馬覺等切磋。還有盧因、桑白、蔡炎培等，尤其是蔡浩泉，最多勉勵。蔡浩泉是我在師大的學弟，讀藝術系。

留學臺灣期間，我曾經在國際學社聽過胡適的演講，受到他對自由民主、中國前途看法的影響，也經常讀殷海光的著作，對學術和人生的課題特別感到興趣。因此，我當時發表的文章，除了抒

2　余祥麟（余玉書）等著：《五月花號》（臺北：海洋詩社，1959年）。

3　盧文敏：《燃燒的荊棘》（臺北：縱橫詩社，1961年）。

4　盧按：在一九六四年《天天日報》與李昕（相學家林真）展開哄動一時的大筆戰。詳見盧文敏：〈林真——命相致富奇才、文陣筆陣奇才〉，《百家》第34期（2014年10月），頁97-102。

發感情之外還有學術的探討。另外，我參與《師大學生》、《海洋》（余玉書和張俊英主編）、《縱橫》（劉國全主編）等刊物的編寫工作。「海洋詩社」是臺大的學生組織，成員包括香港僑生余玉書、鍾柏榆、張俊英等；「縱橫詩社」是師大的學生組織，成員包括香港僑生羊城。我有一段時期徘徊在學術研究與文學創作之間，但最終選擇了文學的道路。

馬：《學生生活報》什麼時候創刊和停刊，共出版了多少期？

盧：一九六一年八月我從臺灣回港，九月開始在元朗崇德英文書院任職高中中文教師，直至一九六四年離開為止；其後轉任李求恩紀念中學，直至一九七七年離職。回港後，經常在《大晚報》發表散文和小說，因而認識《大晚報》總編輯李一丹先生。一九六一年底蒙李先生邀約主持《學生生活報》，在慕容羽軍與雲碧琳之指導及協助下，主持編務約半年，逢星期六、日上班編稿。《學生生活報》一九六一年十一月創刊，至一九六二年四、五月間結束，逢星期五出版，每期三張紙共十二版，開度與《中國學生周報》相同。《學生生活報》是在「大乘佛學社」社長劉銳之及其在土瓜灣之小型印刷廠資助下艱苦出版，內容大致參考當時十分暢銷的《中國學生周報》與《青年樂園》。我當時只想在一般接受美援（如友聯機構屬下之刊物，包括《中國學生周報》、《大學生活》、《祖國周刊》）及左派資助（如《青年樂園》、《伴侶》、《知識》、《青年文友》等）外，走出一條純獨立性之綜合文藝、知識與思想之青年學生刊物道路。當時我很年輕，政治思想欠成熟，不僅對大陸極權政治（包括「三反」、「五反」、「三面紅旗大躍進」、「煉鋼」政策等）不滿，而且對香港憑美援企圖搞「第三勢力」（如支持李宗仁做總統）分裂國共另組織第三政黨（包括「青年黨」）勾結美國分離主義勢力，也持反對態度。我比較同

情及支持「自由中國」——臺灣的「國策」及以民生為主的大部分政見。至於香港雖無民主，卻有充足自由的殖民政府，大致無可奈何贊同，但卻非常反對其歧視臺灣畢業生的政策，教師待遇有所謂甲、乙級之別。

《學生生活報》作者除慕容羽軍、雲碧琳、凌麥思（司馬靈）、林蔭、李一丹及我（也是編委）之外，更難得發掘了現在譽滿文藝界之作家柯振中與許定銘先生，當時都是他倆自由投稿該刊而獲刊登與鼓勵的；而柯振中早期一篇長五千字小說就是刊登在《學生生活報》的「原野版」，[5] 發表後他很高興。由於當時太忙，加上年代久遠，又缺刊物在手，記憶已十分模糊，依稀記得曾主持一次文學講座及若干次讀者文藝活動。一九六二年《學生生活報》曾出版一本短篇小說集《遲來的春天》，[6] 作者有盧文敏、梓人、司馬靈、桑品載、歐陽惕等十多篇，書評家許定銘曾作推介。[7] 由於當時志趣是不大想教書，只希望一心從事寫作專業與出版工作，所以不計個人酬勞，也全力推動生平第一樁出版與寫作之志業，可惜當時市場不景氣，加上同類刊物競爭劇烈，最終雖失敗收場，但卻獲得寶貴之經驗，為日後在臺、港長期從事出版與職業寫作鋪路。

馬：《文藝沙龍》一九六三年七月十日創刊，出版了多少期？又如何邀請到著名作家如李輝英、趙滋蕃、辛鬱等撰稿？

盧：一九六三年七月我有意全力進軍文壇，獨資創辦《文藝沙龍》，主要蒙師傅慕容羽軍之指導及約稿，刊登了李輝英、趙滋蕃、辛

5　小清江（柯振中）：〈十八年前的悲劇〉，《學生生活報》（1962年3月6日）。

6　盧文敏等：《遲來的春天》（香港：學生生活報社，1962年）。

7　見許定銘：〈兩本六十年代的小說選集〉，《香港作家》（2002年6月），頁20。

鬱等作家的作品；此外，我也結交了青年作家陳其滔、梓人、李海眉、夕陽、盧柏棠、張雪軍等（至於臺灣也有以上提及之文友作家），並親自向他們約稿，所以應不乏稿源。當時發覺一般雜誌售價太昂貴，才決定以較新形式之八開型出現（只售三角），當時參考最暢銷的雜誌都擺在搶眼位置，只有大度刊物才能吸引讀者，《文藝沙龍》無論內容、風格、編排都有意創新，除了售價最便宜外，還取消一般封面浮誇風習，封面除醒目設計之刊頭外，更刊登名家作品（配名畫家丁崗插圖），結合較嚴肅之純文學與通俗文藝，提倡「雅俗派」合流之始（至今本人仍極力提倡及支持雅俗「活文學」，不同意過於曲高和寡、脫離群眾讀者之「呆文學」或「死文學」），並且有意搞作者與讀者之「沙龍式派對」、「沙龍式研習互動」，結合嚴肅文學和流行文學，惜力有不逮，欠缺宣傳，銷路未符理想，財力不繼，未克功成，前後只出版了三期左右，但對辦刊物之志向仍未平息。後來，出現了很暢銷的《小說報》，風格與《文藝沙龍》相似，但並非雜誌，每期只刊登一位作者的小說，卻非常受歡迎。

馬：請問盧先生如何認識丁平和韋陀二位先生，以及怎樣認識《華僑文藝》這份文學雜誌？

盧：由於慕容先生介紹，我在一九六二年前後認識韋陀與丁平，一九六三年加入《文藝》擔任編委。丁平先生不只是編委好友，其後更是李求恩紀念中學的同事。一九六四年我離開元朗崇德中學，經韋陀先生介紹我轉進聖公會屬下之李求恩紀念中學任教。丁平先生大概在一九七二年任教李求恩紀念中學，離職日期是一九八三年，他經常在我主編每月出版一次的《淬鋒》校刊撰稿。現時活躍藝文界的邱立本、卓伯棠、鄭明仁是我在李求恩紀念中學任教時的學生，而朱珺是在崇德英文書院任教時的學生。丁兄為人

豪爽、熱情、風趣幽默、聲如洪鐘，成名於大陸詩壇。活動力甚
強，交遊廣闊，與大陸、臺灣及南洋藝文界均有聯繫，經常書信
往還，又熱心藝文，寫作頗勤，著有長詩《在珠江的西岸線
上》、散文集《灕江曲》、《萍之歌》（二〇〇九年「香港中國文學
學會」出版丁平先生逝世紀念詩集）等，更涉獵學術性之著作，
多才多藝，兼任大專教職，桃李滿門，乃不可多得之人才。至於
韋陀先生，他是一位沉實而忠厚的人，在諸聖中學任李守慧校長
秘書（該校長其後即成為李求恩紀念中學校長），很熱心文教界
的事情，但性格較為內斂，與丁平的性格互相補足。

盧文敏〈井邊〉

記憶中，我首先在報攤上看到《華僑文藝》這份雜誌，後來經慕容羽軍先生介紹才認識丁平和韋陀。他們邀請我撰稿，我才開始在這份雜誌上發表作品，第一篇作品在一九六三年三月號發表。[8]其後應韋陀及丁平兄的邀請加入《文藝》編委會，對早期《文藝》前身之《華僑文藝》只知其為偏重臺灣文壇。

馬：丁、韋二位先生為什麼邀請盧先生加入《華僑文藝》編委會？當時編委會由四人大幅增至九人，原因何在？

盧：他們知道我很有興趣搞出版，大概覺得我們志同道合，而且可以介紹一些臺灣的稿件。一九六三年七月，我正式加入編委會。《華僑文藝》的編務工作主要由丁、韋二位負責，其他編委沒有實務工作，只偶爾茶敘，討論有關文藝寫作及編務方針，主要是介紹一些稿件。

《華僑文藝》的作者群中不少是已成名的大作家如李金髮、覃子豪、謝冰瑩等。當時擴大編委會，加入一些年輕的編委，我猜想他們想吸納一些青年作者，充實版面內容，以及增加年輕讀者。其實，上世紀五、六十年代，左右兩派的刊物都爭取年輕人參加，《華僑文藝》也不例外。

馬：盧先生知道《華僑文藝》出版經費的來源嗎？又韋陀先生與丁平先生如何分工？

盧：《華僑文藝》沒有政治背景，因此背後沒有資金支持，我推測主要是由韋陀先生出資，至於丁平先生有沒有出資我就不大清楚。但丁先生熟悉南洋一帶的作家，《華僑文藝》在當地也有一些銷路。印量大約是二千本，據說主要銷南洋約一千本，香港則有少

8　盧文敏：〈井邊〉，《華僑文藝》第2卷第4期（1963年3月），頁163-167。

量發行，其他送贈臺港作者及文化機構。當時親臺的集成圖書公司、友聯書店及特約報攤也有寄售。其後聞說因為南洋發行欠帳，不得已之下停刊。我沒有參與具體的編務與發行工作，丁、韋二位的工作分配大致是丁管編務與約稿、發行、聯絡，韋則管帳目與編務（畫版）。

馬：《華僑文藝》的「讀者・作者・編者」和「作家動態」由誰執筆？

盧：「讀者・作者・編者」應該是由丁平執筆的，而「作家動態」由大家合寫，我也寫過「作家動態」的報道。

馬：《華僑文藝》有沒有明確的文學主張？與當時在香港出版主張現代主義的雜誌如《詩朵》、《文藝新潮》、《好望角》等有什麼分別？

盧：我認為《華僑文藝》沒有特別的文學主張，主要發表水準較高的文藝作品，一般評論是比當時頗為暢銷的《文壇》水準較高，既有寫實主義的小說，也有現代主義的新詩及評論。從風格上來看，《華僑文藝》與黃崖主編的《蕉風》很相似。

《華僑文藝》雖然刊登現代主義的作品，但也不排斥寫實主義的作品，兼容並蓄，與香港其他深受西方現代主義影響的刊物不同。從讀者的角度來說，最重要的是作品的好壞，而非文學的主張。

馬：《華僑文藝》發表了很多臺灣作家的作品，是否與丁平先生有關？

盧：臺灣作家主要由丁先生約稿，我也有介紹桑品載、歐陽愓等人的作品在《華僑文藝》發表。

馬：《華僑文藝》的銷路如何？後來為什麼停刊？

盧：《華僑文藝》雖然在香港報攤發售，但銷路不高。至於南洋一帶

的銷路應該不俗。後來，《華僑文藝》受到南洋排華的影響，被逼放棄「華僑」二字，改為《文藝》，我覺得此刊名太平淡，建議索性改名為《新文藝》，可惜被否決。《文藝》銷路大跌，無法經營下去，不得不停刊。

馬：《華僑文藝》被人遺忘的原因何在？對香港文學有哪些影響？

盧：《華僑文藝》不受政治支配，缺乏公關、宣傳及藝文活動，編輯工作太忙，只是兼職，難以發揮影響力。停刊後亦少人談起這份雜誌，逐漸被人遺忘。雖然如此，《華僑文藝》發表了一批高水準的作品，而且是早期推介臺灣作家和作品的香港雜誌，其貢獻應予肯定。多年後，老朋友桑品載、歐陽惕、張默、蔡文甫等臺灣作家仍會談起這份刊物。

馬：從一九七〇年代末開始，盧先生很少發表嚴肅的文學作品，有什麼原因嗎？

盧：一九七七年離開李求恩紀念中學後，工作太忙，全力搞出版和寫作。我在香港辦過的雜誌包括《醜聞》、《風雲》、《電視臺》、《生理衛生》、《黑皮書》等。在香港靠寫作為生絕不容易，我分別用孟浪、老偈、貝品清，白水晶、霍愛迪、艾迪等多個筆名在《天天日報》、《新報》、《新夜報》、《新知》、《藍皮書》等報刊寫流行作品，包括偵探、靈異、愛情、魔幻、科幻小說等，每天忙於寫七、八個專欄，由八百字到一千多字不等，完全沒有時間參加文學活動，漸漸遠離嚴肅的文學創作，但我不同意流行小說必然缺乏文學成分，名作家沈西城就批評我的作品特色：「通俗中有文學，文學中有通俗」。[9] 我寫了幾百萬字這類通俗作品，部分以

9　盧按：大約是二〇一四年冬季，我與沈西城兄約見於杏花邨美心餐廳，當時我談到

孟浪筆名發表的作品已經結集出版如《閻王令》（1987）、《變色幽靈》（1987）、《通靈怪嬰》（1988）、《靈體》（1989）、《黑狐仙》（1989）、《攝魄亡魂》（1990）、《驚魂夜》（1990）、《奪魄情花》（1991）、《鬼鉤魂》（1991）、《靈魂賭局》（1992）、《魔域翡翠》（1992）等。我曾以老偈筆名出版的長篇小說包括《隧道亡魂》、《魔宮怪客》。我覺得小說應具有「電影感」、創造性及想像力，尤其是恐怖、靈慾、推理及荒誕題材缺乏，我較為偏重。當時很想寫出類似「○○七」及後期紅絕一時的「哈利波特」之類的小說。期間，我雖然以寫通俗作品為主，偶然仍然會寫嚴肅的文學作品如小說與新詩，在《中華日報》發表。其他在《劇與藝》、《蕉風》和臺灣的文學雜誌《小說族》上發表，都是用盧文敏、白水晶、孟浪等筆名。

一九八五年，我離開香港。當時我覺得香港文化市場缺乏文藝，而流向財團化的通俗及八卦，難以競爭，我反而發覺臺灣文化出版界過於嚴肅、單調、乏味（尤其是主流報紙刊登高級文學作品），與香港報紙通俗化大相違背。當時我有一個想法：以商業角度在臺灣先搞通俗刊物，賺夠錢再搞蝕本的文藝雜誌。我到臺灣，認識了林德川先生。他有意辦雜誌，於是出資搞出版社，分別成立「金文」、「美麗」與「追星族」三間出版社，主要是將臺灣通俗雜誌「香港化」（比黎智英搞《壹週刊》及《蘋果日報》早幾年吧？），當時先後出版最早報導兩岸三地資訊及內幕的《接觸》、《兩岸》，以及《靈異》、《人鬼神》、《偶像》、《星心》、《蒐奇》、《新生活報》及大量的香港流行漫畫與小說（購買版權再修改為「臺灣版」）。我負責具體編務，最高記錄是每月出版十

他的「血幕」小說，他也漫評我送給他的小說《魔域翡翠》，他突然很坦率風趣提及：「你心中有兩隻鬼打架：通俗中有文學，文學中有通俗。」

二本雜誌，銷售最多的雜誌是《靈異》雜誌，四開大度，內容包括靈異、科幻、宗教、神秘等題材，每期銷二、三萬冊。另外，我還購買香港作家著作和漫畫的版權，把這些書引進臺灣，前者如慕容羽軍、雲碧琳、依達、馮嘉（石崗）、林蔭、沈西城等作家的作品，後者如文化傳訊黃玉郎的《龍虎門》（舊版）、上官小寶的《李小龍》、張萬有的《如來神掌》、牛佬、邱瑞新的江湖黑白道連載漫畫及甘小文的幽默諷刺漫畫等。直到二〇〇五年我離開臺灣，回港為止。

我認為文學不應該太狹窄，除了嚴肅的作品外，也應該包括流行和通俗的作品。而作品的好壞，並不在於它是嚴肅還是通俗，最重要是看作品本身有沒有特色，能否表現人性與社會的面貌。文學作品當然可以呈現正面、健康的人生價值和意義，但為什麼不可以反映人性中黑暗、邪惡的一面？可惜，當時的文學界不大能夠接受這類題材，認為這類創作不是文學作品。文學界過去一直輕視通俗作品，其實通俗作品中也有好作品，譬如金庸、倪匡、亦舒、李碧華、馮嘉、林蔭等也有出色的小說。這些作家雖然不為當時文學界接受，但他們的作品為香港文學開創了新局面，無論在武俠、科幻、愛情的題材都有新突破，今天已為人肯定。我認為通俗作品可以接觸更多讀者，透過提升作品水平，同樣可以引起讀者對文學的興趣。很多人將報刊連載的小說視為通俗，其實公認為文學泰斗的小說名家劉以鬯的《酒徒》，最先就發表在《星島晚報》副刊，金庸、倪匡、小生姓高（三蘇）、梁羽生及李碧華的作品均發表在報章副刊。究竟作者之作品是否有文學價值，主要是看他寫作動機、構思、取材、藝術表現手法與個人風格。本人未出版之文學短、中篇約二、三十萬字，在報刊連載之長篇約七、八百萬字，其中涉及恐怖、推理、科幻、魔幻、情色

題材，少不免有顧及市場與讀者口味，但以當時得令的高行健、莫言、黃碧雲及臺灣的陳雪均有涉及人性與情色描寫，只要真正是作者深刻表達人性衝突與內心掙扎，我們應持開放態度接受新派小說。目前一般文學讀者日漸缺乏和疏離，造成作者比讀者多的怪異現象（尤其是新詩），反觀日本及外國小說對性與情色衝突描寫，跟電影同步，說不定是重新爭取廣大讀者的靈丹妙藥。我曾寫過很多作者沒曾寫過的題材的長篇小說連載多年，如《神珠・魔手・外星人》、《恐怖殺人窩》、《藍戀紫情》（同性戀畸情）、《一代神女女神自白書》……等，很想整理出版或上網留存，但目前出版市場太差勁，如何適應、改革或創新，值得有心人士研議。[10]

馬：可否介紹《七三週刊》這份刊物？

盧：香港當時有一個電視節目叫「七三劇場」，內容以諷刺社會為主，我於是想到辦一份《七三週刊》的趣味性綜合雜誌，刊登較具諷刺及爭論性的社會雜文、怪論及反映現實衝突的通俗愛情小說，由我與何潮光合作出版，但只出版了幾個月就停刊了。後來，我們還共同集資辦了一份叫《電視臺》的雜誌，請方亮先生主編，第一期的封面人物是林青霞。

馬：劉以鬯先生主編《香港文學作家傳略》中的盧文敏介紹，是否盧先生執筆撰寫的？

盧：這篇介紹不是我寫的，也不知道是誰人執筆的，也許是早期認識的文友提供，較缺乏我八十年代後的資料。

---

10 盧按：最近在《明月》藝刊拜讀劉再復教授「文學講座」系列，他一再提及現代「缺乏荒誕」與「想像」之文學作品，更令我恢復大量描寫此類「魔幻小說」的信心和熱誠。

馬：今天十分感謝盧先生接受訪問，分享了從事文學工作的種種經
　　歷，對嚴肅和通俗文學的看法，以及《華僑文藝》的編輯和出版
　　情況。謝謝！

　　──原刊於《文學評論》第三十九期（2015年8月），頁99-106。

文學的播種者

——向明訪談記

　　向明，本名董平，一九二八年生，湖南長沙人；從一九五○年代開始追隨覃子豪從事現代詩創作，為「藍星詩社」重要成員，主編《藍星詩刊》多年，歷任《中華日報》副刊編輯、《臺灣詩學季刊》社社長等，在臺灣有「詩儒」的雅號；曾獲國家文藝獎、中國文藝協會文藝獎章、中山文藝獎等；著有新詩《隨身的糾纏》、《狼煙》、《五弦琴》、《青春的臉》、《向明自選集》，詩話集《新詩50問》、《新詩後50問》，童詩《螢火蟲》等多種。一九六二、六三年間曾於《華僑文藝》發表作品，並於一九八○年代兩岸開放交流後，開始與丁平先生有較頻繁的聯繫，不時見面交流。本訪問稿經向明先生審閱定稿。

向明先生受訪時攝

日期：二〇一二年七月一日（星期日）
時間：下午三時至五時
地點：臺北向明先生家

以下向明先生簡稱「向」，馬輝洪簡稱「馬」

馬：今天很高興在臺北與向明先生見面，談談丁平先生及其主編的
《華僑文藝》。請問向明先生是怎樣踏上寫作的道路？

向：我早在讀高等小學時，因偷讀了很多三十年代作家的書，如魯迅
的小說、曹禺的劇本（因躲日本人，姑父把很多新文學藏到鄉下
家中），因而對文學感到興趣，即模仿寫作，學校的壁報作品由
我包辦。隨軍來臺以後，由於生活枯燥，加之思鄉情切，唯一解
救方法是學習塗鴉以舒緩。一九五三年「中華文藝函授學校」成
立，進入函校詩歌班就讀，結識班主任覃子豪老師。他接著和鍾
鼎文、余光中、夏菁等成立「藍星詩社」，我們的作品即在《藍
星詩刊》發表，也成為「藍星詩社」的一員，也多次主編《藍星
詩刊》。

馬：向明先生曾任《藍星詩刊》主編多年，你認為《藍星詩刊》對臺
灣的文學發展有哪些影響？

向：《藍星詩刊》是臺灣最早（1954）發行的一份詩刊，也是一份不
明訂任何主張或主義，極為自由開放的詩歌出版物，培植了不少
極為優秀的青年詩人。現在臺灣詩壇各個詩刊的主掌者均為當年
培植出來的詩人。

馬：請向明先生憶述當年認識丁平先生的經過。

向：這是很久以前的事了。我現在也說不清楚具體的情況，大概是透

過覃子豪老師的介紹吧。覃老師與丁先生很早就認識了，只知道他們與墨人先生、應未遲先生、夏鐵肩先生是在重慶中央訓練團新聞研究班的同學，後來即分發到東南戰線的新聞媒體作抗日救國的新聞工作。

一九五〇、六〇年代，國共關係緊張，我們在臺灣的出於政治的顧慮，不能隨便到香港去。我當時在空軍服役，身分尤其敏感，不能夠貿貿然前往香港。所以，我認識丁平先生是以後的事。那個年頭，在臺灣從事文學工作的人是絕對不會碰政治的，因為當時的政治氣候高壓得令人窒息。覃老師生前，就是過著白色恐怖的日子，曾遇過不應該有的政治干擾，甚至被人告密誣衊，真是有苦難言，他當時的心情苦悶至極。儘管如此，他沒有跟他的學生討論這些事，默默承受這些壓力。我曾經看見過他在床上，以及在地上打坐，這是過去從來沒有發生過的事，說明他苦惱極了。

一九六〇年九月，我到美國空軍電子研究中心唸書，一九六一年年底回臺灣。一九六二年十月，我和太太結婚時，沒有親人在臺灣，於是請覃老師擔任我們的主婚人。那時候，覃老師的身體很好，還沒有生病。一九六三年三月，覃老師不幸患膽囊癌住院治療，我們一班學生輪流到醫院照顧他。我還記得我是負責第一天的輪值。幾天後，我被派到馬祖工作。同年八月，我太太快要生孩子，但我身在前方，不能回來陪她。一直到預產期前三天，部隊才批准我回家五天。我回到臺北後，馬上跑到醫院看覃老師，他當時已經骨瘦如柴。回來後第二天，太太就要生孩子了。不過，當時的醫院很糟糕，安排很差，我們沒有預先指定醫生，只有助產士接生。最後，我太太難產，孩子也保不住。當我把這件傷心事告訴覃老師時，他縱使身體不好，仍非常生氣，還拍床大罵醫院安排不當。過了幾天，我得回馬祖去。十月十日，覃老師

逝世的時候，我還身在馬祖。我還記得馬祖有一份軍報《馬祖日報》，十月十一日的《馬祖日報》就刊登了覃老師逝世的消息，我才知道他過世了。雖然我很想回臺北送覃老師最後一程，但最後也無法回來。

一九七八年，中國大陸推行改革開放。初期，兩岸文壇尚未展開對話，沒有正式接觸。後來約在一九七九年左右，我們透過犁青先生的安排，在香港與中國內地作家見面交流，如白樺、周明等人，還和在廣州的向明空中熱線通話。從那以後，由於正式開放兩岸人員來往，及返老家探親，中臺兩地的作家接觸多了，甚至安排前往大陸各省交流訪問。因此，我們常常經過香港，前往內地。由那時候開始，我與丁先生見面的機會就多起來了。

馬：一九五〇、六〇年代期間，覃子豪先生對臺灣青年作者有很大的影響力。

向：覃老師是一位真正愛文學、愛青年人的好老師。他編《藍星詩刊》期間，每次收到好的稿子，就會沉不住氣，急不及待的把我叫過去，對我說：「今天我收到一篇非常了不起的作品，一定要給你看看。」我還記得覃老師收到本省籍青年詩人白萩第一首詩〈羅盤〉時，十分讚賞，說這是一首難得的好詩；其實，白萩當時才高中二、三年級而已。

覃老師曾經對我說，他編《藍星詩刊》絕對不是為名，更不是為利。以他當時在文壇的知名度，根本不需要靠《藍星詩刊》來提高名氣。他出版《藍星詩刊》只有一個目的，就是為了培養新一代的年輕作者，讓他們有更多發表作品的機會。他說只有這個方法才是對青年作者最大的鼓勵，因為發表一首作品好像給作者打了興奮劑一樣，讓他們更有衝勁的走下去。

馬：請向明先生談談投稿到《華僑文藝》的經過。

向：《華僑文藝》創刊時，我還在軍隊服役，還未認識丁先生。我在
《華僑文藝》的三首詩作〈散髮者〉、〈柱〉和〈粧台〉都是覃老
師推薦給他的。覃老師當時還在編《藍星詩刊》，而我經常投稿
到那裡，相信覃老師在《藍星詩刊》刊登過這三首詩後，再轉給
丁先生在《華僑文藝》發表。當時，我根本不知道我有作品刊登
在《華僑文藝》。覃老師大概會把其他學生的作品，推薦到《華
僑文藝》發表。我相信在那個年代，《華僑文藝》發揮了一定的

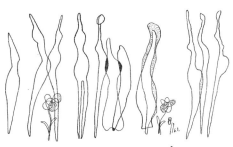

向明〈柱〉〈粧台〉[1]

1　向明：〈柱〉〈粧台〉，《文藝》第1期（1963年7月）。

作用，促進港臺兩地的文學交流。除了《華僑文藝》以外，我不清楚覃老師有沒有把我們的稿子發到香港其他的雜誌去。

那時候，香港對臺灣來說仍然是政治上很敏感的地方，臺港通信受到政府監控。所以，覃老師沒有告訴我們投稿到香港的事，是有他的道理，大概不希望我們惹上什麼麻煩。所以，我根本不知道《華僑文藝》發表過我的作品，更不會與丁先生或其他編委通信聯繫。

馬：這三首詩有收進詩集嗎？

向：〈散髮者〉及〈粧台〉已收入《狼煙》（臺北：藍星詩社，1969年），但〈柱〉則沒有收入我的詩集內。過去，我有一些作品發表後，因為沒有底稿，就散失掉了。自從用了電腦寫作後，反而可以把詩稿保存下來，我最近從電腦中找到兩首從未出版的詩作。

馬：向明先生可否談談一九五○、六○年代港臺文學互動的情況？

向：可以說，臺灣文學的現代化是由現代詩開始的。覃老師逝世前後那段日子，臺灣詩壇正在打現代詩的論戰。那時候，臺灣仍在戒嚴，所有民間的出版物都被封掉了，連三十年代的書刊也看不到，外國書也不能進口，所以我們對西方新思想的認識很有限。臺灣有些詩人因工作特殊關係，在一些民間圖書館（如石油公司圖書館）可以看到香港及其他海外出版的書籍雜誌。後來「創世紀」的詩人瘂弦、洛夫等，與香港的馬朗、李英豪等人有聯繫，經常看他們編的雜誌如《文藝新潮》、《好望角》等。所以，瘂弦、洛夫等人對西方文藝思潮的認識都是從馬朗、李英豪那裡來的。後來，李英豪更詳細評析過洛夫的長詩〈石室的死亡〉，說明了兩地文人互通氣息的關係。不過，藍星的同仁沒有跟馬朗、

李英豪等香港作家有什麼往來，因為藍星同仁寫詩仍堅守中國詩固有的抒情傳統，不急於作橫的移植。

馬：這一點恰恰說明了在一九五〇年代末、一九六〇年代初的時候，香港《文藝思潮》曾經對臺灣文壇發生過影響，並推動了臺灣現代詩的發展。回到《華僑文藝》的話題，它除了刊登現代主義作家的作品，也刊登過與覃老師打筆戰的蘇雪林先生，以至謝冰瑩先生、王平陵先生等多位傳統作家的作品。向明先生認為這是什麼原因呢？

向：其實，蘇雪林、謝冰瑩、王平陵等來臺灣以前，在中國大陸已經是很有名的作家。來臺灣以後，他們的名氣就更大。丁先生刊登他們的作品是很合理的。在《華僑文藝》的臺灣作者群中，從事現代詩創作的，除了覃老師是我們的長輩以外，其他的都像我們這些年輕的作者而已。其實，蘇雪林、謝冰瑩、王平陵等曾經任教中華文藝函授學校，也是我們的老師。他們都是臺灣文壇的掌舵人，筆戰只是個人理念不同，私底下都是好朋友。

馬：向明先生認為丁平先生有沒有明顯的文學主張？

向：很愧慚，我對丁先生所知不多，尤其是文學方面的看法。我們每一次到香港，丁先生都很熱情接待我們，但總是來去匆匆，根本沒有時間深入談文學方面的話題。他對臺灣作家好像特別推崇，我知道他上課時討論的作家幾乎都以臺灣作家為主，經常往來的也是臺灣作家。他經常利用我們過港的機會，邀請我們跟他的學生講課，分享創作的經驗和心得，由此可知他十分重視我們這些臺灣作家。我感覺到他有一個看法，就是中國文學的未來主要寄望在臺灣的作家身上。

馬：據向明先生了解，丁平先生對臺灣做過哪些文學工作？

向：我認為他是以故舊的身分與臺灣的同好保持較密切的關懷接觸，他非政治人物，故無工作可做，也不會做。要做也是一些文學知識上的交流。

馬：丁平先生與哪些臺灣作家交往較多？

向：我只知當時我們過港到內地的作家，無論是誰他都熱情接待，到底與哪些作家交往較多，我想最知道的應是他的學生。因為他總安排來客與他們聚會。

馬：向明先生對丁平先生有什麼印象？

向：丁先生與覃老師最讓我們懷念的，就是他們都非常愛護學生，非常願意提攜後進。他們這一輩人都有相同的想法，就是他們所做的事都不是為了自己，而是為了下一代。丁平先生是很有成就的學者、作家，這次訪問可以讓讀者知道香港有這麼一位前輩，做過這些工作，做出過很多貢獻。最令我難忘的是每次我到香港和他見面，他總會悄悄送給我幾件古玉，有的還是特別選來送給我內人的，對一個浪跡在外的遊子而言，特別覺得有如親情的溫暖。

馬：感謝向明先生接受訪問，讓我們更加了解《藍星詩刊》的情況、一九五〇、六〇年代臺灣的文學氣息、覃子豪先生與丁平先生的交情，以及你與丁平先生的交往等。謝謝！

——原刊於《聲韻詩刊》第十九期（2014年8月），頁128-131。

詩人的願望

——張默訪談記

　　張默先生，本名張德中，一九三一年生，安徽無為縣人，一九四九年居臺迄今；曾任「創世紀」詩社創辦人與總編輯、《水星》詩刊及《中華文藝》月刊主編；曾獲新聞局圖書著作金鼎獎、中山文藝獎、第三屆五四獎文學編輯獎、中國文藝協會文藝獎章等；著有論著《現代詩的投影》、《臺灣現代詩概觀》、《臺灣現代詩筆記》等；詩集《水汪汪的晚霞》、《獨釣空濛》、《張默小詩帖》、《無調之歌》等；散文《雪泥與河燈》、《回首故園情》等；編有《中國現代詩選》、《中國現代詩論選》、《現代詩人書簡集》、《中華現代文學大系》、《他們怎麼玩詩‧創世紀五十周年精選》等；曾於《文藝》發表詩作兩首及書信一封。本訪問稿經張先生審閱定稿。

張默先生受訪時攝

日期：二〇一八年十一月二十二日（星期四）

時間：中午十二時半至下午一時半

地點：臺北花園酒店大堂餐廳

以下張默先生簡稱「張」，馬輝洪簡稱「馬」

馬：今天很高興在臺北與張先生談丁平先生的交往，以及《華僑文藝》的往事。張先生什麼時候開始文學創作呢？

張：我在南京唸成美中學的時候，受到國文老師虞詩舟先生的鼓勵，開始學習寫作。他上課時，經常介紹五四作家的作品，譬如胡適之、劉大白、艾青等作家的詩作。虞老師大概三十多歲，教學時很親切，班上四十多位同學都很喜歡他。學校假期時，他帶我們看南京的風景名勝如中山陵等，回來後要交小文章、短詩給他修改。

馬：張先生很早就寫詩啊。

張：那時候什麼都不懂，作品還不行，所謂新詩只是斷句的文章而已。我們得到虞老師的鼓勵，練習寫作。我們讀了劉大白的詩、徐志摩的詩、艾青的詩，內心有一些感受，體會到一些美感經驗，開始時也許模仿著他們的風格來寫，只要不是全部抄過來，就算有一兩句相同，虞老師也不說話的。求學時期遇到一位喜歡文學的好老師，自己漸漸的就會喜歡寫作。

馬：請問什麼時候發表作品呢？

張：一九四九年，我離開大陸，到臺灣以後為了生活當兵，最初在陸戰隊擔任文宣工作兼作軍報採訪記者，沒有繼續讀書。說實在的，我寫詩是沒有老師的，是自己慢慢揣摩出來的，我第一篇發

表的詩作刊登在《半月文藝》，寫得很粗糙。我陸陸續續地在
《半月文藝》、《野風》發表了十幾首詩。

馬：張先生在左營軍區時，碰到喜歡新詩的洛夫，於是在一九五四年
創辦「創世紀」詩社，其後瘂弦加入。

張：對，我和洛夫本來是不認識的，但大家都參加了司令部的三民主
義講習班，下課聊天時互相認識，聊到軍中的報刊如《海訊日
報》、《文藝報》等，發覺大家都喜歡文學。後來，我跟洛夫說我
們是不是有興趣辦一份刊物？他說好呀，但要為刊物起一個名
字。我說在大業書局看到一本女詩人的詩集時看到「創世紀」這
個名字，我們就用「創世紀」吧。他說好呀，我們就開始籌辦
《創世紀》。但是，我們都沒有辦刊物的經驗，於是拿了紀弦的
《現代詩》第五期來參考。《創世紀》初期辦得不太好，後來慢
慢改進。

馬：張先生什麼時候認識丁平先生？

張：我是首先看到《華僑文藝》這份刊物，之後才認識丁先生的。

馬：為什麼會看到《華僑文藝》？

張：好像是辛鬱介紹給我們的。我看到《華僑文藝》裡面有辛鬱的
詩、楚戈的畫，就喜歡這份刊物，後來認識了丁先生。

馬：張先生曾經在《文藝》發表過兩首詩，即〈給贈十四行〉和〈期
响〉，[1] 可否談談投稿到《文藝》的緣起？

---

1 張默：〈給贈十四行〉，《文藝》第1期（1963年7月），頁12；張默：〈期响〉，《文
藝》第9期（1964年4月），頁17。

張：這兩首詩都是交給辛鬱，再由他轉到《文藝》發表的，後來也在
　　臺灣刊物上發表過。

馬：二〇一二年我訪問辛鬱先生時，他也說過為臺灣作家組稿，把他
　　們的作品發表在《華僑文藝》上面。後來為什麼沒有繼續在《文
　　藝》發表詩作？

張：後來不寫稿也很正常。

張默〈詩人的願望〉

馬：丁平先生在《文藝》第十期刊發了張先生題為〈詩人的願望〉的
信札，[2] 請問這個題目是張先生起的嗎？

張：不是，應該是丁先生起的。

馬：張先生在信中說：「此間愛好文藝同仁，對《文藝》及《好望
角》均寄予極高之評價。願有一天你們能攜起手來。」請問「同
仁」指誰？為什麼會有《文藝》及《好望角》攜手合作的想法？

張：「同仁」是指辛鬱、管管、魯蛟等這些朋友，他們都看過《文
藝》。李英豪曾經把《好望角》寄到朵思在左營的家，然後再轉
給我們。那個時候，臺灣不少朋友都喜歡看《好望角》，因為李
英豪辦雜誌辦得好，寫文章也寫得好，我到現在還保存了一些
《好望角》。其實，我們對當時香港文藝的情況不大了解，在臺
灣看到的香港文藝刊物不多，只有《好望角》和《文藝》，所以
才有攜手合作這個想法。

馬：張先生認為《好望角》和《文藝》有什麼不同之處？

張：其實這兩份刊物很不同，內容不一樣，風格也不一樣。《好望
角》比較新銳一些，《文藝》比較穩健一些，但同樣可以給人某
些啟發。

馬：張先生在信中提到邀請瘂弦投稿，可惜《文藝》最後都沒有瘂弦
的作品，有什麼原因嗎？

張：瘂弦的詩寫得不多，但寫得很好，而且他對投稿很謹慎，不願意
隨便發作品出去。他第一首以「瘂弦」這個筆名發表的新詩〈我
是一勺靜美的小花朵〉得到紀弦賞識，刊登在《現代詩》，開始

2　張默：〈詩人的願望〉，《文藝》第10期（1964年5、6月），頁36。

他的創作生涯。

馬：張先生對《文藝》有什麼印象？

張：在那個年代，臺灣沒有幾份文藝刊物，只有《半月文藝》、《文藝
創作》、《野風》等。所以，我們都想看看香港刊物，讀到不同地
方的作品，也可以在上面發表作品。《文藝》雖然有不少臺灣作
家的作品，但與臺灣的文藝刊物不同，這樣才有意思。當然，
《文藝》與《好望角》、《文藝新潮》也是不同的，每一個刊物都
不一樣，對臺灣都有或多或少的影響，起了交流臺港兩地文學界
的作用。

馬：張先生對丁平先生有什麼印象？

張：我跟丁先生第一次見面應該是在一九七○年代中，之後雖然見面
的機會不多，但每次相處都很愉快，感到他為人親切，從來沒有

一九八五年八月二日，臺灣作家張默（右一）、王怡（右二）、魏子
雲（右三）、鄧文來（左二）與丁平（左一）及其學生在尖沙咀海
運大廈舉行茶聚會，分享創作心得。

聽過他說別人的閒話。朋友之間最重要有緣分，大家喜歡詩，辦刊物都是緣分。

他曾經帶他的學生到臺灣來，跟各位作家見面，可見他很愛護學生。他對學生一視同仁，沒有因為他們能力的高低而有不同。另外，他曾經送給我幾件玉器，我很喜歡這些玉，還帶在身上好幾年。

馬：真感謝張先生憶述了昔日踏上創作的道路，以及與丁先生的交往和投稿到《文藝》的往事。謝謝！

遠去的歲月
──草川訪談記

　　草川，本名張浩然，另有筆名張牧，一九四三年生於香港。學生時代，參與「新月社」、「月華詩社」和「座標現代文學社」，並在《星島日報》、《華僑日報》、《中國學生周報》發表新詩與散文；曾出版文社刊物《月華詩刊》、《軌跡》。一九六三年應丁平先生邀請成為《文藝》編委。二〇〇五至二〇〇八年曾任珠海學院新聞及傳播學系客座講師。本訪問稿經草川先生審閱定稿。

草川先生受訪時攝

日期：二〇一三年四月十三日（星期六）
時間：下午四時至晚上六時
地點：中環大會堂低座一樓美心餐廳

以下草川先生簡稱「草」，馬輝洪簡稱「馬」

馬：今天很高興與草川先生談談丁平先生及《華僑文藝》的往事。請
　　問草川先生是如何踏上寫作道路？

草：我很早對文學感興趣，尤其是對力匡先生的作品，他的散文多在
　　《星島晚報》刊登，我欣賞他的散文多過他的小說，特別喜歡他
　　的寫作風格。我唸嶺英中學時參加《青年樂園》舉辦「夏夜的街
　　頭」徵文活動，並以散文〈夜曲〉入選。[1] 後來，不單看香港作
　　家，也開始看白先勇、張系國、於梨華、聶華苓、司馬中原等作
　　家的作品。一九六〇年，我參加的「月華詩社」於《星島日報・
　　學生園地》刊登了兩期《月華詩刊》，[2] 我當時發表的新詩都是
　　浪漫風格的作品。其後，讀到瘂弦、商禽、周夢蝶、洛夫等作家
　　的現代詩，就開始寫現代詩。我認為開始寫作時，不妨學習著名
　　作家的風格，尤其是寫作技巧，然後逐步擺脫名師的影響，建立
　　自己的風格。

　　一九八一至一九九五年期間，我在《中報》的詩專欄「哈囉生
　　活」（1981-1984左右）、《天天日報》的每天一詩「螢火墜處」專
　　欄（1986-1995）發表作品，持續了十多年，積累了不少詩作。

馬：草川先生是怎樣認識丁平和韋陀二位先生？

1　張浩然：〈夜曲〉，《青年樂園》第75期（1957年9月），第9版。
2　兩期《月華詩刊》刊於《星島日報》1960年4月30日及1961年5月20日。

草：我唸嶺英中學時，認識方蘆荻學兄，他是十分活躍的寫作人，經常在報刊上發表作品。他大概知道我喜歡寫作，又在《星島日報‧學生園地》發表作品，於是邀請我加入「新月社」。一九六二年我在嶺英畢業後，入讀珠海書院（後稱珠海學院），主修社會教育系。後來，方蘆荻介紹我認識丁平，因此也認識了韋陀。

馬：你對丁先生有什麼印象？

草：丁先生為人爽快，不拘小節，很容易相處。他的文學網絡很強，人面很廣，特別是臺灣作家。與他相處期間，我學了很多東西，尤其是新詩的知識；丁先生很喜歡我的作品。我們見面閒聊時，經常談及不同作家，我印象最深的是李金髮和馮馮，因為前者是象徵派的大詩人，開啟一代詩風，而後者的語言天分很高，擅長多國語言，兼且是道行很高的佛教徒。

馬：草川先生怎樣成為《文藝》的編委？

短短的騷動垂下，
有人冒及你，街心，被一口井蠱惑着
殷殷，與女兒的籍貫
於是冷語：那山坡經常有失聲痛哭的毛髮
男人，已不肯在胸前釘黑鈕
（而造塔，栽植爬藤，該是盲人的意念）

他小小的臉不向我了。因我裸睡
（殷殷，你知道那感覺的）
燈會迫得細起一來硬照，所以現在
誰也怕咀嚼早吸吮過的指尖
我妻說以後不再要胎盤了，因為
那是淡淡的瀑布，而救不出綦養着的足甲
（有人不知水的壓力，而救不出綦養着的足甲）

若果走近櫻唇，那成年人被詛咒過
要洗百件清敎徒的衣裳
聖瑪利亞向你湊近，在早晨，用匙打開的鼠窟
還像才可殮葬
（相信你的兄弟也不會喜歡早晨？
你問過你母親甚麼？殷殷，卒之是疲倦
卒之把脊骨賣給了失笑的別人
那嚼嚼仍害怕看見不願撿棄的齒痕
（歡迎到無光的斗室懺悔
若果躊躇也是容我先草草擬好那圖

顯然草生不出離離的形狀，在池塘
那標貼分明就攔全鄉的程序幷且咬定了那牝牛
（該是他弄痛麥子的舌頭）
殷殷，血和光是站在同等地位

（白晝。那人怯怯地站入人行道，站於
誰都看不見那相片之前面
不忍見如同母親的肖像變成告示）

柏葉啊，柏葉 張牧

張牧（草川）〈柏葉啊，柏葉〉[3]

3 　張牧（草川）：〈柏葉啊，柏葉〉，《文藝》第1期（1963年7月）。

草：丁先生最初找我寫稿，我交了些詩在《華僑文藝》上發表。後來，他邀請我加入《華僑文藝》，一九六三年七月成為《文藝》編委。《文藝》除了幾位編委外，沒有其他工作人員。

馬：《華僑文藝》改名為《文藝》時，編委會由四人擴大至九人，原因何在？

草：丁先生當然有他的理由，但沒有與我談過這件事，我也不清楚詳情。我們擔任編委主要的任務是看稿和對稿而已，並無其他工作。

馬：草川先生為什麼六個月後離開編委會？

草：我當時想到臺灣升學，於是向丁先生說要退出編委會，不過最終未能成行。

馬：韋陀先生是《華僑文藝》社長，而丁平是執行編輯，他們如何分工？

草：韋陀先生主要負責編務、出版、發行，而丁先生則負責約稿、選稿。在當時來說，《華僑文藝》網羅了臺灣最著名的作家如周夢蝶、楚戈、商禽等，而且作品水準很高，不乏手法前衛之作，十分難得。不過《華僑文藝》也有謝冰瑩、王平陵、馮馮、碧原、陳其滔等寫實作家的作品，但以現代主義為最特出的風格。至於為什麼如此選稿，丁先生始終沒有與我們談過。我們當時仍是青年作者，能夠與臺灣名作家一起發表作品，已經很高興。

馬：草川先生知道誰向李金髮先生約稿嗎？

草：丁先生親口對我說是他邀請李金髮先生為《華僑文藝》寫稿的。

馬：李金髮先生在《華僑文藝》發表的全是散文作品，主要描寫他在

美國的生活和見聞。丁先生有沒有提過邀請他寫詩？

馬：沒有，丁先生沒有提過此事。

馬：《華僑文藝》的經費從何而來？

草：我不清楚，丁平和韋陀都沒有提過此事。

馬：《華僑文藝》的銷路如何？

草：我參加《華僑文藝》編委時雖然只有二十歲，但我當時已認為這本雜誌難以打開銷路，因為它既是現代的，亦是傳統的，風格不統一，兩面不討好；《華僑文藝》具體的發行和銷售情況，我都不清楚，只在報攤上見過這份雜誌。當時還有另一本文學雜誌《文壇》，銷路不俗，儘管作品平實，但勝在風格統一，容易吸引讀者。

馬：《華僑文藝》為什麼停刊？

草：丁先生沒有提過停刊的原因，我相信是銷路問題。

馬：《華僑文藝》對香港文學有哪些影響？

草：《華僑文藝》推介了一些臺灣著名作家和作品，但影響力、推動力則不及《文藝新潮》、《好望角》等雜誌。

馬：今天很感謝草川先生接受訪問，分享了與丁平先生的交往，以及編《華僑文藝》的舊事。謝謝！

韋陀、丁平與《華僑文藝》
——古兆申訪談記

　　古兆申，筆名古蒼梧，一九四五年生，祖籍廣東茂名，香港著名作家，先後擔任《盤古》、《文學與美術》、《文美月刊》、《八方文藝叢刊》等刊物的執行編輯，曾任《大公報·中華文化周刊》主編，臺北《漢聲雜誌》主編、香港《明報月刊》總編輯；著有新詩《銅蓮》、《古蒼梧詩選》，散文《備忘錄》、《書想戲夢》，小說《舊箋》，評論《一木一石》、《今生此時　今生此地：張愛玲、蘇青、胡蘭成的上海》、《長言雅音論崑曲》，譯有瑪格麗·杜哈絲《大西洋人》和《中國北方來的情人》、保羅·安格爾的《美國孩子》、《舞的意象》，編有《溫健騮卷》等。古先生是韋陀先生的學生，亦是《華僑文藝》的忠實讀者。本訪問稿經古兆申先生審閱定稿。

古兆申先生近照

日期：二○一三年三月三日（星期日）

時間：下午三時至五時三十分

以下古兆申先生簡稱「古」，馬輝洪簡稱「馬」

馬：今天很高興古先生接受我電話訪問，談談與韋陀先生和丁平先生
　　的交往，以及對《華僑文藝》的回憶。古先生在什麼時候開始接
　　觸新文學？

古：由小學三年級開始到中學畢業，我都在聖公會諸聖中學度過。諸
　　聖中學是一所中文學校，曾經設立幼稚園、小學部和中學部，現
　　在只有中學部。我唸中學時，學制為初中三年和高中三年。初中
　　國文課本選收的範文，大部分都是五四早期至中期的新文學作
　　品，譬如冰心、巴金、魯迅、茅盾、蘇雪林、夏丏尊、朱自清等
　　作家的文章。中學階段，初中一的國文課劉坤雄老師對我的影響
　　最大，是她帶我進入新文學的世界。記憶中，她是漢文師範學院
　　畢業的，中文造詣很高，對新文學有相當認識，還寫得一手好
　　字。她的課很吸引，又經常鼓勵我們閱讀，教導我們用心作文；
　　除了閱讀課本的文章外，我在劉老師的指導和啟發下，主動到圖
　　書館和書店找新文學作品來看。巴金、冰心、魯迅、茅盾等作
　　家，就是在這個時候開始閱讀的。

馬：在《雙程路》的訪談中，古先生表示有意執筆寫作，是受到韋陀
　　先生的啟發，尤其是對新文學、臺灣現代詩的認識。[1] 請問韋陀
　　先生有沒有指導過古先生創作？

1　盧瑋鑾、熊志琴編著：《雙程路：中西文化的體驗與思考（1963-2003）——古兆申
　　訪談錄》（香港：牛津大學出版社，2010年），頁14-15。

古：一九六一年，我高中一年級的時候，韋陀老師是校長李守慧先生
　　和校監李守正先生的秘書，在偶然的情況下做了我的國文代課老
　　師。印象中，高中課文全是文言文，範文從經、史、子、集所收
　　的古典作品中選出來，完全沒有新文學的作品。上作文課時，韋
　　陀老師批改我的作業之餘，還經常鼓勵我寫作。我現在已記不清
　　楚為什麼與韋陀老師談起新文學的話題，大概是因為他當時編校
　　報和《華僑文藝》有關吧。我經常在小息或下課後，到辦公室找
　　他，碰到他正在編校報的話，他就會教我編報的知識，也會談談
　　新文學的問題。到了下學期，學校請到新的國文課老師，韋陀老
　　師就不再擔任代課老師，只繼續擔任校長和校監的秘書。所以，
　　韋陀老師只教了我一個多學期的國文課。雖然他沒有再教我，但
　　我依舊到辦公室找他閒聊。一九六二年六月《華僑文藝》創刊，
　　我經常見到韋陀老師排《華僑文藝》的版面，一邊很熟練地做排
　　版工作，一邊與我閒聊。我從這些閒談中，認識了很多五、六十

《雙程路：中西文化的體驗與思考（1963-2003）──古兆申訪談錄》
封面書影

年代臺灣和香港的作家和作品。印象中,《華僑文藝》較多刊登臺灣作家的作品,香港的較少。中學畢業後,直到大學一、二年級,我仍然有返回中學找韋陀老師談天。馬:在中學階段,古先生有沒有投稿到校外的報刊?

古:我當時忙於應付學業和課外活動如音樂班、詩歌班等,偶爾還聽聽音樂會,看看話劇,沒有時間創作。說起來,我後來喜愛崑曲,大概與求學階段喜歡音樂有關。其實我當時的志願是做歌唱家,而不是文學家。而且,我認為自己的作品只可以投給校報,還未達到校外報刊的水平。我曾經在校報發表過幾篇作品,隱約記得韋陀老師鼓勵我投過一篇作品到報紙校園版,詳細情況現在也記不清楚了。

馬:在大學階段,古先生積極參與文學活動。可否談談當時的情況?

古:讀中大中文系時,我開始與文社人接觸。當時,我加入了喇沙書院的「蒲公英文社」,至於為什麼會加入這個文社,我記不起來了。「蒲公英文社」曾經出版過一期鉛印的社刊《蒲公英》,由我負責編,是當時第一份鉛印的文社刊物。我懂得編鉛印刊物,就是中學時從韋陀老師那裡學來的,譬如劃版面、排標題等。「蒲公英文社」與「芷蘭文社」曾經合辦了一次辯論活動,我因此認識了黃韶生(筆名白勺、黃濟泓等)、許定銘等文社人。黃韶生當時唸中大聯合書院中文系,低我一年級,是「芷蘭文社」社長,後來擔任《中國學生周報》後期的編輯。

大學一年班時(1964),我和中文系的梁煒廷、社會系的鄭忠強及來自英文系的吳振明、歷史系、地理系等十多位同學集資出版另一份刊物《金線》,核心成員是我和吳振明,我負責版面設計、吳負責組稿工作。當時出版一份刊物需要百多元,每人負擔

十元、二十元，大家還勉強負擔得來。六十年代中的生活水平與現在當然不同，雲吞麵只要七毫子一碗，麵包兩毫子一個，報紙三毫子一份，百多元也不是一個小數目。《金線》只出版了一期，介紹了不少臺灣作家和作品，還刊登了我一篇長文〈新詩沒有根嗎？〉，既追溯一九三〇、四〇年代新詩的發展，亦推介臺灣的現代詩。文社刊物中，《蒲公英》是第一份鉛印的刊物，《金線》是第二份。

後來，我以〈新詩沒有根嗎？〉這篇文章參加《華僑日報》徵文比賽，還拿了論文組冠軍。《華僑日報》是當時很重要的報刊，教育版、戲劇版、副刊版等都很有分量。

馬：古先生如何認識丁平先生？

古：我記得韋陀老師有一次約我飲茶，地點好像是彌敦道的瓊華酒樓，座上見到丁平先生，是我記憶中唯一一次與他見面。我知道《華僑文藝》曾發李英豪的文章，於是請教丁先生對李英豪的評價。我記得丁先生說了一些看法，但具體意見現在已記不起來了。

李英豪與臺灣文壇關係密切，尤其是「創世紀」的詩人如洛夫、張默等，李英豪與葉維廉儼然是「創世紀」的理論家。不過，我當時已經覺得李英豪的文章有些問題，尤其是他評論臺、港現代詩的論點不夠清晰。

我讀研究院一年級時，與戴天、岑逸飛等一起編《盤古》，[2] 寫了不少文章。《盤古》曾經出版「近年港臺現代詩的回顧」專輯，又舉行座談會。我為這個專輯寫了一篇長文〈請走出文字的

2　《盤古》於一九六七年三月創刊，一九七八年七月停刊，共出版一一七期。

迷宮〉，[3] 集中評論臺灣的《七十年代詩選》，專門討論現代詩的問題，以及李英豪的某些觀點。

馬：韋陀先生是《華僑文藝》的出版人，而丁平先生是主編。他們如何分工？

古：我當時很年輕，不清楚他們具體的分工。但我每次見到韋陀老師編《華僑文藝》，主要負責排版、校稿等出版工作，我相信丁先生主要負責約稿等編務工作。所以，我後來編《蒲公英》、《金線》和《盤古》的知識，就是在那時候學來的。

古蒼梧〈請走出文字的迷宮——評《七十年代詩選》〉[4]

3　見古蒼梧：〈請走出文字的迷宮——評《七十年代詩選》〉，《盤古》第11期（1968年2月），頁23-27。

4　古蒼梧：〈請走出文字的迷宮——評《七十年代詩選》〉，頁23-27。

馬：古先生一直閱讀《華僑文藝》至停刊為止。《華僑文藝》為什麼停刊？與流通量有關嗎？

古：每期《華僑文藝》出版後，韋陀老師都會送一本給我，直至停刊為止。後來出版合訂本，他又送給我。他曾經對我提及，有部分《華僑文藝》的經費是他和師母合資的。後來，《華僑文藝》停刊，除了因為虧損嚴重外，還有另一個原因，就是《華僑文藝》出版到後期，師母不幸病逝，韋陀老師受到很大打擊，對出版工作感到意興闌珊。

馬：離開中大後，古先生經常與韋陀先生見面嗎？

古：研究院畢業後，我在培英中學教了一年書，就前往美國愛荷華大學參加「國際寫作計畫」。由美國回來後，我越來越忙碌，參加學生運動、保釣運動、教師運動等，漸漸與韋陀老師失去聯絡。記憶中，韋陀老師教我的時候應該是四十多歲。

馬：古先生知道韋陀先生與丁平先生怎樣認識嗎？

古：我唸中學時，年紀太輕，沒有問過韋陀老師這方面的問題。抗戰期間，韋陀老師和丁先生曾經在桂林生活，我估計他們是在大後方認識的。

馬：韋陀先生與臺灣作家的交往如何？

古：從韋陀老師和丁先生的閒談中，以及他們認識的作者網絡推想，我感覺到他們與當時臺灣的軍中作家如覃子豪、洛夫、楚戈、張默等較為熟悉，其中有些作家說不定在抗戰期間已經認識。這批軍中作家對臺灣詩壇影響很大，譬如覃子豪等創辦了《藍星週刊》，張默等創辦了《創世紀》詩刊，到今天仍為人樂道。

馬：韋陀先生有沒有與中國內地作家來往？

古：印象中，我沒有聽過韋陀老師與哪一位中國內地作家特別熟絡。
　　我相信韋陀老師接近臺灣作家較多，而且《華僑文藝》也沒有中
　　國內地作家的作品。

馬：韋陀先生與香港作家往來多嗎？

古：韋陀老師固然與《華僑文藝》的編委熟識，與《文壇》的編委亦
　　有來往，[5] 至於他與其他香港作家交往的情況，我就不大清楚了。

馬：從版權頁可知，《華僑文藝》在出版期間不斷擴大發行網絡。古
　　先生可否談談《華僑文藝》的發行情況？

古：我不知道《華僑文藝》具體的發行情況，但從這份雜誌在各地的
　　總經銷網絡可知，它與亞洲出版社和友聯機構應該有一定的人脈
　　關係，至於他們有沒有出資支持這份雜誌就不得而知了。[6] 五、
　　六十年代左右兩派的發行機構壁壘分明，很少會支持不同政治立
　　場的刊物。

馬：古先生認識《華僑文藝》的編委嗎？

古：除了韋陀老師和丁先生外，我沒有見過《華僑文藝》其他編委，
　　亦沒有接觸過他們，只知道有部分編委曾經在《文壇》發表作品。

馬：古先生認為《華僑文藝》為什麼在香港備受忽略？

5　韋陀的短篇小說集《葡萄園》由文壇出版社於一九六一年出版。
6　《華僑文藝》的臺灣總經銷為「香港亞洲出版社臺灣分社」、香港九龍代售處包括
　　「亞洲出版社門市部」和「友聯書報發行公司門市部」、澳門總經銷為「友聯圖書
　　公司」、星馬北婆總經銷為「友聯書報發行公司」等。

古：我相信與《華僑文藝》的人脈關係有關，因為它與臺灣作家的關係比較密切，與本地作家較為疏遠，而且主要發行到南洋地區，所以在香港較少人留意到這份刊物。《華僑文藝》的出版時間不到三年，尚未發揮影響力就停刊了。另外，雖然《華僑文藝》是一份專業的文學雜誌，但韋陀老師和丁平先生只能在工餘時間做編務工作，更沒有資源和時間舉辦讀者活動，影響力自然有限。後來，《華僑文藝》的作家凋零的凋零、淡出的淡出，在香港文壇不大活躍，自然沒有人再提起這份刊物。其實，同樣備受忽略的文學雜誌還有《文壇》，雖然作品水平不一，編輯方向也較通俗，但這份刊物出版為時很長，在上面發表過作品的作家不少後來頗負盛名，這批作家現在已經很少被提及了。

馬：古先生剛才談到文學雜誌舉辦活動的重要性，可否稍作說明？

古：譬如《盤古》是一份業餘的同仁刊物，資金不多，但透過《中國學生周報》、《大學生活》的人脈關係，互相支援，舉辦了不少活動如參加創建學院的創辦及該學院的許多課程和活動、參加各種學運、社運等等，吸引到讀者的注意。相對來說，《華僑文藝》比較靜態，影響力就有差別。

馬：《華僑文藝》在香港文學發展中扮演了什麼角色？

古：《華僑文藝》在一九六〇年代初發表了大量臺灣作家的作品，有部分作家對香港讀者來說仍然相當陌生。雖然早期的《文藝新潮》和同期的《好望角》都有介紹臺灣作家和作品，但當時熟識臺灣作家的讀者不多。我估計《華僑文藝》的編輯策略與韋陀老師和丁先生曾經在大後方生活有關，他們對文學有相當的鑑賞能力，對來稿自然有一定的要求，所以選用了一些當時在本港知名度不大，但質素較高的臺灣作家的作品。因此，《華僑文藝》在

早期推動臺港文學互動方面有一定貢獻。後來,《中國學生周報》和《盤古》廣泛介紹臺灣作家,他們的作品亦逐漸為香港讀者熟識。總的來說,《華僑文藝》起了撒種的作用,把當年較活躍的臺灣作家,尤其是臺灣詩人介紹給香港讀者。因為韋陀老師的關係,我亦受到《華僑文藝》的影響,從中認識了不少臺灣作家和作品。後來,我主動找臺灣作家的書來看,包括覃子豪和余光中的詩論,他們對我的影響就是從那時候開始的。

馬:總的來說,古先生對《華僑文藝》有哪些深刻的印象?

古:我覺得《華僑文藝》像當時的臺灣文學刊物,多於香港的文學刊物。由於臺灣的作品較多,版面的設計也接近臺灣的風格。

馬:古先生認為《華僑文藝》有沒有鮮明的文學主張?

古:《華僑文藝》沒有很鮮明的文學主張,亦沒有標榜任何主義,抱持相對開放的態度。不過,丁平先生作為詩人,我相信他的文學理念與藍星同仁如覃子豪等較為接近。其實,我寫〈請走出文字的迷宮〉一文時,部分觀點亦受到覃子豪的影響,繼承了他對現代詩的某些看法,指出了當時現代詩的一些問題。

馬:與《華僑文藝》同期出版的文學雜誌還有《好望角》,兩者有什麼異同之處?

古:印象中,《好望角》的風格也接近臺灣文學雜誌,受臺灣文學思潮的影響較多。作者群方面,《好望角》似乎較為兼顧港臺兩地的作家,而《華僑文藝》則以臺灣作家較多,其中不少是軍中作家。另外,在《好望角》發表作品的多為年輕作家,而《華僑文藝》則有較多資深作者。

馬：十分感謝古先生分享了與韋陀先生和丁平先生的交往，以及對
　　《華僑文藝》的印象。對今天的讀者來說，韋陀先生、丁平先生
　　和《華僑文藝》或許較為陌生，這次訪問有助讀者重新認識這兩
　　位作家和這份刊物。謝謝！

　　——原刊於《城市文藝》第九卷第五期（2014年10月），頁42-46。

文學路上的良師

——許定銘訪談記

　　許定銘，一九四七年生，廣東電白人，香港著名藏書家、作家；從事教育工作四十年，開書店二十年，畢生與書結緣：買、賣、藏、編、讀、寫、教、出版，八種書事集於一身；著有新詩《戮象》（合集）、《詩葉片片》，書話《醉書閑話》、《書人書事》、《醉書隨筆》、《愛書人手記》、《舊書刊摭拾》、《香港文學醉一生一世》，編有《侶倫卷》等。許先生年輕時是丁平先生的學生，曾修讀他的「寫作」課，與他有直接的接觸。許先生先後寫過〈從《華僑文藝》到《文藝》〉及〈很「現代」的《文藝》〉二文，[1] 對《華僑文藝》有深刻的認識。本訪問稿經許定銘先生審閱定稿。

許定銘先生受訪時攝

1　參見許定銘：〈從《華僑文藝》到《文藝》〉，《香港文學》第13期（1986年1月），頁67-69；許定銘：〈很「現代」的《文藝》〉，《大公報》，2010年9月2日。

日期：二〇一二年六月廿四日（星期日）

時間：下午五時至六時十五分

地點：香港木球會

以下許定銘先生簡稱「許」，馬輝洪簡稱「馬」

馬：今天很高興與許定銘先生談談丁平先生及其主編的《華僑文藝》。現先請許先生談談開始寫作的經過。

許：我開始寫作與香港上世紀六十年代的文社潮有關。由六十年代初開始，文社風氣盛行，喜愛文學的年輕人紛紛組織文社，其中一個是「阡陌文社」，主要由《中國學生周報》通訊員組織的「文學組」成員所組成，包括羊城（即楊熾均）、馬覺、林蔭、子燕（即趙國雄）、吳平等，大多是十多二十歲的年輕人。一九六三年，「阡陌文社」出版了文集《綠夢》，包括新詩、散文、小說等作品，[2] 受年輕人歡迎。初學寫作的年輕人也可以結集出書，給我的創作欲打了強心針，刺激很大。

初中時，我在德明中學唸書，因為父親在那裡任教，所以免收學費。一九六二年底，我只有十五、六歲，唸中三，剛剛開始寫作。同校的同學李仕俊（筆名盧頤）比我高一年級，組織了一個叫「同學文集社」的文社。[3]「同學文集社」的成員中，不少同時也是「阡陌文社」的成員。至今，我仍不明為什麼要同時成立兩個成員大致相同的文社。那時候，我參加了由《中國學生周報》「文學組」出版《學生之家》主辦的第二次徵文比賽，由蕭

2　參見許定銘：〈《綠夢》和《荒原喬木》〉，《書人書事》（香港：香港作家協會，1998年），頁192-194。

3　參見許定銘：〈歷史悠久的「同學文集社」〉，《書人書事》，頁190-191。

輝楷任評判。我僥倖得第四名，獲頒優異獎。⁴ 李仕俊知道我在徵文比賽中得獎，而且是他的師弟；後來，他們籌備出版一本與《綠夢》性質相同的文集，找我寫稿。於是，我寫了一篇散文〈沉思走筆〉，收入一九六三年底出版的《荒原喬木》。這篇散文是我第一篇在單行本書籍發表的文章。因為這個緣故，我認識了「同學文集社」和「阡陌文社」的成員，自始對文社的興趣越來越大。同期，《星島日報》的《學生園地》版很熱鬧，有很多學生投稿，每星期出刊三、四天，每次半版，我亦經常在那裡發表作品。除《星島日報‧學生園地》外，我也投稿到《中國學生周報》、《工商日報》，在學生文壇中略受注意。當時有種風氣，就是在學生版發表的文章，通常都會附上文社的名字，方便大家互相聯絡。

一九六三年中，父親離開德明中學，要我轉校。那一年，我剛剛初中畢業，考進九龍仔大坑東路德會協同中學升讀高中。我與同校但高我一年級的黃韶生經常在《星島日報‧學生園地》發表作品，互相慕名已久。後來，他主動來找我，說：「我是黃韶生，筆名白勺。」我說：「我很早就認識你。」他說：「我們準備組織一個文社，想邀請你參加。」我說：「好呀！」於是，他和他的同班同學黃維波、楊懷曾及我和我的同級同學郭朝南一起組織了「芷蘭社」（後改稱「芷蘭文藝社」），後來還加入了游之夏（黃維樑）、陳炳藻等新成員，共約有十多位成員。我們曾經借用幼稚園的課室舉辦講座，吸引到二、三十人參加。以學生活動來說，反應算是不俗了。

---

4 這次徵文比賽的得獎者依次為伍清泉、黃文初（黃德偉）、陳政元、許定銘、李仕俊、陳龍健、黃龍生（黃韶生、白勺）等。參見許定銘：〈《阡陌》‧《學生之家》‧《學園》〉，《書人書事》，頁195-197。

我在協同中學讀了兩星期後，父親又要我轉校，改到瑪利諾神父教會學校上學。瑪利諾神父教會學校距離協同中學很近，步行只需十餘分鐘。所以我與「芷蘭社」的文友保持聯繫，尤其是黃韶生，因為他住李鄭屋邨，而我住蘇屋邨，他經常過來找我閒聊，以及一起到李鄭屋邨的社區圖書館看書。期間，父親要我晚上進修英文，但我完全沒有興趣。出於反叛的性格，我經常缺課，每晚到那所圖書館看書，讀畢那裡所有新文藝書籍。我對齊桓、秋貞理（司馬長風）、黃思騁、徐速等新文學作家的認識，都是那段日子「浸」出來的。順帶一提，我與當時住在李鄭屋邨的吳萱人都是在那所圖書館認識的。我們每次進入圖書館時，都要在登記簿上簽名。有一次，吳萱人從簽名簿上看到我的名字，就拍拍我的肩膀，說：「原來你就是許定銘，我很喜歡看你的文章。」我們因而認識。

因為搞文社的關係，我認識的人漸多，我後來聯絡了幾位青年文友，辦「藍馬現代文學社」，模仿《綠夢》出版文集，於是合資出版了《戮象》這本書。編書時，其他人正忙應付會考，這本書最後由我一手一腳包辦，包括校對、版面設計等，而插圖則由我一位德明中學的同學宗汝明負責，模仿楚戈的風格而畫的。《戮象》是我第一本出版的書，特別有紀念價值。

馬：許先生是怎樣認識到楚戈的繪畫風格？

許：我是從《文藝》認識到楚戈的繪畫。一九六五年六月，我們出版《藍馬季》這份季刊，由我主編，而每期的〈編後話〉都是由我寫的。當時仍然以「執字粒」的方法出版，每期的製作費需百多元。後來，吳昊、藍山居（即古蒼梧）、震鳴（即吳振明，吳昊的哥哥）、路雅、康潔薇、龍人等陸續加入。期間得到吳昊、藍山居等朋友合資，才有經費繼續出版了三期《藍馬季》。

馬：請許先生談談認識《華僑文藝》的經過。

許：其實，我是首先認識《文藝》，然後才知道它以前叫《華僑文藝》。
當時，我有兩位最要好的文友，一位是經常寫文章的黃韶生，另
一位是讀書很多但甚少寫作的古兆申。古兆申在諸聖中學讀書，
比我高兩年級。我們《戮象》的一班朋友很沉迷現代主義，喜歡
在作品中運用意識流的寫作技巧。有一次，古兆申對我說：「如
果你們喜歡現代主義，除了看目前在港臺流行的作品外，還可以
看中國三十年代的作品，因為當時已經有現代主義的作品。」他
第一位介紹給我看的中國現代主義作家就是施蟄存。另外，我們
都喜歡讀臺灣作家的作品，古兆申說他的老師黃國仁出版了一本
很現代的《華僑文藝》，有不少臺灣作家在這裡發表作品，值得
一看。我們看後都很喜歡這份刊物，但無法在香港買到這本雜
誌，因為它主要銷往南洋地區。後來，他帶我去位於諸聖中學對
面的《華僑文藝》社址，與黃國仁和丁平見面。抵達時，我除了
見到他們兩位外，還買到《華僑文藝》合訂本，這說明了《華僑
文藝》已出版了一段日子，而且已改名為《文藝》了。我亦留意
到社內有很多臺灣詩人的詩集發售，譬如辛鬱的《軍曹手記》、
張默的《紫的邊陲》、覃子豪的《向日葵》、葉珊的《花季》……

古兆申在最近出版的《雙程路》，[5] 用了不少篇幅談到《華僑文
藝》和《文藝》，不過沒有提及的東西也不少，包括他與我們這
群文友的交往，曾經出版過《蒲公英》這份報刊，曾經寫過一篇
七、八千字的長文〈新詩沒有根嗎？〉等。[6]

5　盧瑋鑾、熊志琴編著：《雙程路：中西文化的體驗與思考（1963-2003）——古兆申
　　訪談錄》（香港：牛津大學出版社，2010年）。

6　有關《蒲公英》的出版情況，參見許定銘：〈《金線》‧《蒲公英》‧《海風》〉，《書人
　　書事》，頁185-189。

馬：許先生當時經常發表作品，為什麼沒有投稿到《華僑文藝》？

許：我認識這份雜誌時已經改名為《文藝》了，當然沒有投稿給改名前的《華僑文藝》。我雖然認識了黃國仁和丁平二位先生，但畢竟是中學生，初學寫作。所以我認為自己的水平不夠，不敢投稿到高水平的《文藝》。後來，到我有意投稿到《文藝》時，它就停刊了。因此我沒有在這份刊物上發表過作品。

馬：無論是早期的《華僑文藝》還是後期的《文藝》，我發覺它很少刊登青年作者的新書出版消息。請許先生談談《戮象》出版廣告的緣起。

許：《文藝》出版到後期時，我們也出版了《戮象》，於是送了這本新書給黃國仁和丁平兩位。我猜想是因為古兆申的關係，他們在

《戮象》出版消息[7]

《文藝》免費幫我們刊登廣告，刊發《戮象》的出版消息。他們這樣做，大概有鼓勵年輕作者的意思吧。

馬：《文藝》停刊是因為資金還是銷路不足？

許：《文藝》停刊是與資金不足有關。我曾經向丁平老師問過停刊的原因，他說《華僑文藝》改名《文藝》，是因為南洋排華，刊名有「華僑」二字就無法入口。我們都知道，香港的書刊當時主要銷售到南洋地區。後來，發行到南洋的《文藝》給人「拖數」，最後無法支持下去，只好停刊。

一般來說，出版社結業時，會將剩下來的舊書刊全數賣給舊書攤。譬如亞洲出版社結束時，我們很容易在乃路臣街的舊書攤找到他們的書刊，每本五毛。《蕉風》改版時，我曾經在乃路臣街買到幾乎完整的一套。不過，《文藝》停刊後，書市上很難找到它的舊刊。一九七〇年代，我曾經直接問過丁平這件事，他說：「我們沒有賣給舊書攤，全數燒掉了。因為不想那麼好的東西，變成舊書攤的垃圾。」而且，香港的讀者不多，現存的《華僑文藝》就更加罕見，所以現在幾乎沒有人知道曾經出版過這份文學雜誌。由文社潮開始，我一直熱心參與文學活動，經常閱讀書報，也只是透過古兆申的介紹才認識到《華僑文藝》，由此說明這份雜誌在香港的流通量不多。

馬：我相信雜誌社將刊物定名為《華僑文藝》，已經有意以東南亞讀者為主要的市場。

許：對，所以他們創刊時以「華僑」為刊名。因此，早期的《華僑文藝》甚少香港作家，到了後期的《文藝》時才有較多香港作家。其中，香港作家盧文敏、蘆荻、草川、陳馳騁等與韋陀的關係

較密切，所以成為《華僑文藝》的編委，並且在刊物上經常發表作品。

馬：請許先生與我們分享到官立文商學院及華僑書院進修的經過。

許：一九七〇年代我和太太二人都是教書的，收入不多，所以我要做多份兼職，完全沒有時間寫稿。我是柏立基師範學院一年制體育組畢業的，任職文憑教師。如果不繼續進修的話，我是沒有機會升職的，不能夠由 CM 升至 AM。[8] 所以，一年制的文憑教師都會去讀由香港政府官立文商學院的三年夜間兼讀課程，畢業後等同師範學院二年制畢業。官立文商學院等於政府的專上學院，早期設立在香港羅富國師範學院，後來亦設立於葛量洪師範學院。我讀了三年官立文商，畢業後幾年才升職。有部分文商學生畢業後到浸會書院（現稱浸會大學），進修兩年就等同大專畢業。我當時很窮，沒有錢到浸會當全日制學生，於是到華僑書院讀第四年，畢業後拿了臺灣教育部頒發的大學畢業證書。我入讀華僑書院前，完全不知道有哪些教師。入讀後，才知道我認識的蕭輝楷、丁平等老師都在那裡任教。

馬：許先生在華僑書院修讀哪一學系？

許：當時大部分學生都是讀「社會系」，因為不用讀書都可以畢業。這也難怪，大家平日教書已經很辛苦了，晚上還要進修，實在不能苛求。一九七二年，我讀華僑書院中文系，有十多位同學。由於我很早就讀文學書籍，課程內容對我完全沒有難度，所以我經常不上課。當時，丁平老師開了一門「寫作」課指導學生創作，他知道我有多年寫詩的經驗，上課時會叫我出來，在黑板上寫詩

8　CM為文憑教師，而AM為助理教席。

給同學賞析。另外，我也有修蕭輝楷老師的哲學課。

我修讀丁平老師的課時，他曾經語重心長地對我說：「既然你喜歡讀書，不要只顧創作，應該做些學術研究的工作。」他說我平日可以不用上他的課，但要交一篇畢業論文。我當時對蕭紅甚感興趣，與丁平老師商量後，決定以蕭紅的小說為論文的題目。市面上，蕭紅的著作不多，完全沒有內地的原版書，只有小量香港版的書。在丁老師指導下，我完成了一篇萬多字的論文〈論蕭紅及其作品〉，首先在《文壇》發表，[9] 後來收入《醉書閑話》。[10] 當時，《文壇》的編輯是盧森，他見這篇文章是丁平交來的，所以沒有發稿費。我後來寫信給盧森追稿費，他很快就發來了。〈論蕭紅及其作品〉發表後，我更喜歡寫評論文章了。於是，在丁老師的指導下，我寫了一篇李廣田的論文〈論李廣田的創作〉，都是在《文壇》上發表。[11] 因此，丁老師開啟了我在文學研究方面的工作，對我的影響很大。

馬：許先生可否談談丁平老師與學生相處的情況？

許：丁老師為人隨和，曾經對我們說：「我不喜歡別人稱呼我為教授，你們叫我老師好了。」所以，我們稱他為丁平老師，而不是丁平教授。他善於因材施教，例如我已經懂得教學的內容，他只要求我交功課即可，不必上課。而且，他亦樂意把我的文章發給同學討論、學習。丁老師經常把修改好的學生作業，投給雜誌發表。丁老師為人容易相處，無論別人說什麼意見，他都樂於應

9　見許定銘：〈論蕭紅及其作品〉，《文壇》第329期（1972年8月），頁59-64。

10　見許定銘：〈論蕭紅及其作品〉，許著：《醉書閑話》（香港：三聯書店（香港），1990年），頁74-83。

11　見許定銘：〈論李廣田的創作〉，《文壇》第331期（1972年10月），頁191-194。

和；而且，他亦善於讚賞別人的優點，善於與人為友。

畢業後，我忙於應付生活，未能與丁老師保持聯絡。除了教書外，我要照顧父母和六個弟妹的生活，還要兼顧書局的工作。最高記錄時，我同時有多份兼職：日間教小學，下午看書店，晚上教官立夜學院（前稱官立文商學院），每天寫見報的專欄，在出版社編文藝月刊，為雜誌寫稿……忙得不可開交。自此以後，沒有機會再見過丁平老師。

馬：許先生後來在官立夜學院教書，可否說說當時的情況？

許：約一九八〇年代初，曾經在師範教過我的江潤勳老師繼任官立夜學院院長，他想開設「現代文學」課，但無法找到合適的教師。一九七二年畢業後，我發表了大量創作和評論作品。期間，得到李學銘先生賞識，認為我對現代文學有相當認識，向江潤勳院長推薦我任教「現代文學」。江潤勳院長對他說：「許定銘是我的學生，請他來見我。」他的記性真好，我於一九六五讀了一年師範，到了八十年代他仍然記得我是他的學生。由八十年代開始，我到官立夜學院教書，最初教「現代小說」，後來還教「當代小說」和「現代戲劇」，前後教了八年左右就沒有再教了。在官立夜學院這段教學日子對我很有好處，我一方面有機會認真讀書，加深對現當代文學的認識，另一方面亦不斷寫稿，與學生討論我的文章。《醉書閑話》大部分文章都是這段時間寫成的。

馬：由五十年代末、六十年代初開始，香港文學界逐漸興起一股現代主義思潮，《華僑文藝》與其他現代主義雜誌《詩朵》、《文藝新潮》、《好望角》、《新思潮》等有哪些不同之處？

許：《詩朵》和《文藝新潮》刊行時，我還在讀小學，是事後才讀到

這些期刊的。到我開始寫作時，主要看《好望角》和臺灣的《創世紀》。如果要比較當時在香港出版的現代主義雜誌，我認為《華僑文藝》最不同之處是較為「開放」，能夠容納各種體裁的稿件。《華僑文藝》重視創作多於理論，發表大量小說、散文、新詩等不同類型的作品，與著重介紹文學理論和西方學術思想的《詩朵》、《文藝新潮》等不同。《文藝新潮》亦介紹過中國三十年代的文學作品，在當時來說是較為罕見的。

香港的文學雜誌雖然都有刊登臺灣的作品，但從來沒有一份像《華僑文藝》般，大量刊登臺灣的來稿。《華僑文藝》在詩創作方面尤其出色，不但數量較小說和散文為多，而且丁平老師是覃子豪的老友，發表了很多臺灣優秀詩人的作品。其中，《文藝》第六期（1964年1月）的「詩人覃子豪紀念特輯」編得十分好，我讀後很感動，印象亦很深刻。我相信丁老師辦這個大型專輯，固然因為他是覃子豪的老朋友，而且這個專輯的作者大部分是覃子豪的學生或朋友，在一呼百應之下，丁老師很快就可以編好了。其實，這個紀念特輯亦有助提升《文藝》的地位。

另外，丁平老師在《華僑文藝》開闢了「讀者‧作者‧編者」專欄，在當時來說是首創了，因為香港的文學雜誌從來沒有這類欄目。「讀者‧作者‧編者」的作用主要在於加強讀者、作者和編者的溝通，讓編者能夠掌握讀者的需要，以至解答年輕人在寫作上的疑難。

相對而言，我較為喜歡閱讀《華僑文藝》，因為我當時醉心新詩，最喜歡看楚戈的詩和插圖。另外，我亦喜歡李金髮，所以我一直留意他在《華僑文藝》的作品。其他如司馬中原、朱西甯、段彩華、管管、畢加等，都是我當時喜歡閱讀的作家。

馬：李金髮在《華僑文藝》發表了多篇作品。當時還有哪些報刊發表
　　他的作品？

許：據我所知，《蕉風》也有李金髮的作品，寫過一篇傳記〈浮生總
　　記〉。當時，香港寫詩的人知道李金髮這位作家的不多，大部分
　　人都沒有留意他，更加談不上受他的影響。總的來說，李金髮當
　　時沒有受到香港人的重視。

　　《蕉風》雖然是一份馬來西亞的刊物，但編者黃崖是從香港去
　　的，因此，約稿的作者多為臺港兩地的作家。《華僑文藝》和
　　《蕉風》都是在香港印刷的文學雜誌，而《華僑文藝》之於臺灣
　　的關係與《蕉風》之於香港的有些相似。

馬：許先生認為《華僑文藝》有沒有明確的文學主張？

許：我不覺得《華僑文藝》有鮮明的文學主張，它是一份開放的、容
　　納各家各派的，而且以創作為主的文學雜誌。

馬：許先生認為《華僑文藝》備受忽略的原因是什麼？

許：最主要的原因是流通量不多，所以認識這份雜誌的人也不多。

馬：感謝許先生接受訪問，談到與丁平先生的師生情誼，亦回顧了
　　《華僑文藝》的出版及流通情況，有助讀者重新認識這位文學家
　　和這份文學雜誌。謝謝！

——原刊於《城市文藝》第九卷第一期（2014年2月），頁36-42。

未盡忘卻的往事

——李學銘訪談記

　　李學銘，一九三七年生，新亞書院畢業，先後獲香港中文大學學士、碩士及香港大學博士，從事教學、研究五十多年，範圍主要包括語文教育、中國文學及中國歷史；出版專著有：《中國語文教學的現況與發展》、《中國語文教學的實踐與改革》、《現代中國語文的應用與測試》、《未敢廢書》、《東漢史事述論叢稿》、《讀史懷人存稿》、《撥雲倚樹雜稿──古今文學辨析叢說》；曾主編學術書刊多種，並曾發表學術論文一百數十篇。李先生入讀新亞書院期間開始創作，七十年代主要從事語文教育及研究。李先生在七十年代中認識丁平先生，兩人性格不同，治學取向不同，但因意氣相投，互相欣賞而訂交。本訪問稿經李學銘先生審閱定稿。

李學銘先生受訪時攝

日期：二〇一七年十二月二十六日（星期二）

時間：上午十時至下午一時三十分

地點：何文田 Black Sugar Coffee & Lifestyle

以下李學銘先生簡稱「李」，馬輝洪簡稱「馬」

馬：今天很高興與李先生談談文學創作和語文教育的問題，以及與丁平先生的交往。李先生在年輕時已經喜歡創作，可以談談這段經歷嗎？

李：時間距今甚久，恐怕記不清楚，姑且試作追憶。

我讀中一時，曾參加全校作文比賽，得了冠軍，這可能是引發我後來喜愛寫作的原因。中學階段，我也試過寫小說、散文，但沒有發表，其實也沒有門路發表。這個時期，我雜亂地讀了不少舊小說，如《三國演義》、《羅通掃北》、《薛仁貴征東》、《薛丁山征西》、《老殘遊記》、《聊齋志異》等等；稍後又讀《西遊記》、《水滸傳》、《紅樓夢》，也不管懂不懂，就是讀；同時也讀了些講才子佳人的木魚書，這是我母親愛讀的讀物。當時我也讀現代作家的作品，如冰心、朱自清、巴金、茅盾等等。到我入讀新亞書院時，則較多讀魯迅、周作人、沈從文、錢鍾書、梁實秋、林語堂等作家的作品，後來，我特別愛讀周作人的散文和他翻譯的日本作家作品，其他如梁實秋的《雅舍小品》、王力的《龍蟲並雕齋瑣語》、錢鍾書的《人獸鬼》也愛讀。六七十年代，我也頗讀了些臺灣出版社所出版的文藝書刊（如「文星叢刊」）。近期，我較少讀現代文學作品，但有時會再讀周作人、沈從文、錢鍾書、黃裳、鄧雲鄉、汪曾祺等作家的散文。

一九五六年，我入了新亞書院，一九六〇年畢業。期間，有些同

學經常在報刊上發表作品，其中有幾位比我早一屆的同學特別活躍，如區惠本、李立明（李海眉）、鄭炯堅，經常有作品在《星島日報‧學生園地》、《中國學生周報》、《青年樂園》等刊物上發表。我記得當我剛入新亞書院不久，就有作文比賽，分為論文和創作兩組，我寫了一篇散文體小說〈風箏〉參加了創作組，並獲得創作獎。這篇小說不重視情節，可能是受到當時一些前衛表達技巧所影響。後來，我有另外一篇收入《沙漠的綠洲》的小說〈孤寂〉，也是刻意用散文體的筆法創作小說。[1] 文集中的作者，有幾位用了筆名，如：白駒（黃文炯）、亞坡羅（馮肇博）、維琪（劉蘊文）、郭冰萍（郭惠冰）。我寫〈風箏〉和〈孤寂〉時，馬博良主編的《文藝新潮》雖然已創刊，[2] 我當時仍未讀過這份刊物，後來認識了岑崑南和盧因，才知道有這份雜誌。我發覺我喜歡的表達方式有些地方與他們提倡的有些相近。對於有些新詩或所謂現代詩（不是全部），我則不盡欣賞，因為我認為，詩之所以為詩，不論新舊，都應具有一些要素，如：節奏感、意象集中、文字精練等等。

馬：除了《沙漠的綠洲》，還有《棠棣》這本散文集，可否談談出版這兩本書的始末？

李：《沙漠的綠洲》的書名，由當時在新亞任教的鄭水心先生命名及書寫，丁衍庸先生為封面繪圖，易君左先生寫序。小說集這樣取名，大抵因為當時不少文化人，都說香港是「文化沙漠」。裡面的文章，都由作者提供，並付印刷費。出版以後，曾在報攤及兩三家書店寄售，結果全部書費都沒法收回。這或許是年輕寫作人

---

1 李學銘：〈孤寂〉，收入《沙漠的綠洲》（香港：藍灣出版社，1959年），頁33-43。

2 《文藝新潮》一九五六年創刊，一九五九年停刊。

受人欺負的一例。後來，我們還出版了另一本散文集《棠棣》，收錄了我一篇散文〈生的歡喜〉。[3] 這書取名根據《詩經》，由任畢明先生寫序。書中的作者，有用原名，有用筆名。用筆名的如：冰冷酒（陳志誠）、炳想和長虹（林炳昌）、亞坡羅（馮肇博）、焦木（郭錦樵）、維琪（劉蘊文）、蘆荻（方榮焯）、黎文彪（黎炳章）、郭冰萍（郭惠冰）、陳曄（陳紹棠）、思華（辛炎德）、李海眉（李立明）。還有些用筆名的人是誰，記不起了。書中作者，有些是新亞同學，有些是校外文友。書的出版，仍像《沙漠的綠洲》，由作者提供印刷費。我在〈五六十年代大專校園的文學活動──從兩本被遺忘的小書說起〉中，曾較詳細談到這兩本小書，或可參考。[4]

馬：李先生可否談談過往寫作、投稿、編刊物的經歷？

李：我對寫作的興趣大抵由作文比賽獲獎開始，後來在圖書館看到《香港時報》、《華僑日報》、《星島日報》、《中國學生周報》等設有供青年人發表的園地，於是開始投稿報刊。我主要在《星島日報》、《華僑日報》、《大學生活》、《天主教大專同學會會刊》投稿。我當時多用筆名，包括閒、學閒、樸堂、李樸堂、端木鶴鳴、聞足戒等等，很少用原名。

新亞書院畢業後，我在羅富國師範學院（後改稱羅富國教育學院）接受特別一年制的師資培訓，這個培訓班專供私立大專院校的畢業生入讀。當時培訓班的主任是柳存仁先生，中文科導師是

3　李學銘：〈生的歡喜〉，收入《棠棣》（香港：棠棣出版社，1960年），頁90-94。

4　李學銘：〈五六十年代大專校園的文學活動──從兩本被遺忘的小書說起〉，收入《活潑紛繁的香港文學──一九九九年香港文學國際研討會論文集》下冊（香港：中文大學出版社、香港中文大學新亞書院，2000年），頁877-887。

羅忼烈先生。後來柳先生在澳洲墨爾本大學成為國際知名的學
者，羅先生也在香港大學中文系任教。一九六一年，我在羅富國
畢業後，先在新界教了幾個月書，然後在一九六二年一月進維多
利亞工業學校任教，期間以筆名在《華僑日報》的《人文》（由
新亞研究所主編）雙周刊上發表讀書隨筆、散文，也投稿《晨
風》（由我老師莫可非先生主編）月刊。後來，《大晚報》總編周
石邀請我寫連載中篇小說〈破夢記〉（寫於一九六三年，連載三
十一天）和散文（始於一九六三年，每星期供一兩篇稿）。這篇
連載小說主要表達不受政府認可的私立大專學生的苦悶，藉此反
映他們在出路和就業均受到社會歧視和打壓的實況。在小說裡，
我還描述了深水埗、油麻地一帶的人生百態，來呈現香港低下階
層的生活。我用了類似〈孤寂〉不重視情節的手法，來寫這篇小
說。至於散文，我喜歡從一些小題目、小事物生發情感思考，然
後徐徐鋪陳敘述。

順帶一提，周石一生傳奇，早期的經歷十分艱苦。他從內地剛來
香港，曾在碼頭當苦力，因喜歡文藝，經常投稿，文筆得以磨
練，後來進入報界工作，生活逐漸改善。他去世前，是《東方日
報》副社長。區惠本從《明報晚報》離職時，我曾把他推薦給
《東方日報》，周石也答允了。後來區惠本對編輯報章須畫版的
要求缺乏信心，所以沒有到職。我和周石都喜歡文藝，大家識於
困乏時期，後來他當上《大晚報》總編，所以找我寫稿。

六十年代，我有一位文友陳易滄（常有小說在《文壇》發表）移
民加拿大。他出資在加拿大出版一份文藝刊物《滿地可文心》雙
月刊（一九六二年四月創刊，一九六四年五月停刊，共十二
期），我在香港負責組稿、編輯、印好後寄往滿地可發行。我為
這份刊物寫了不少文章，有時也翻譯些外國小說和詩，筆名有樸

堂、李樸堂、端木鶴鳴、李溢之、樾盦、史道諦、珥筆、梓園、龍翔。我當時日間教書，深夜和假期才去編輯、寫稿，又要抽空聯絡文友、與印刷商打交道……，回想起來，真不知哪裡來的精力、時間！為了編《滿地可文心》，我還臨急抱佛腳讀了些編輯學的書，又向周石請教，學懂了編輯、畫版的技巧。不過，這份刊物第三期開始，由報章形式改為小冊子形式，就不用畫版了。學校教育，其實教不了多少，不少知識和技能，都要在學校以外不斷學習、掌握、調整、轉化。

馬：李先生在〈懷「萍居」主人丁平兄〉一文中提到一九七〇年代曾在香港教育署輔導視學處中文組服務，經常到學校探訪、觀課，並為中文科教師提供一些課程籌畫、課程教學和習作評改的意見。[5] 李先生可否憶述在教育署任職的經過？

李：我在一九七一年離開維多利亞工業學校後，曾在葛量洪教育學院中文系和金文泰中學任教。一九七五年，我被調職到香港教育署輔導視學處中文組任職督學。一九八〇年，我再到葛量洪教育學院擔任首席講師及中史系系主任。一九八二年，政府教育當局根據當時語文教育國際顧問委員會的建議，成立香港語文教育學院，內分中文系和英文系，各有副院長三人。我是中文系最先到任的副院長。顧問委員會由政府組織，成員是本港及海外的語文教育專家。我在香港語文教育學院的工作，主要為中小學中國語文教師開辦復修課程，直到一九九五年提早退休，前後共十三年。一九九五年夏，我應張日昇教授的邀請，到香港理工大學中文及雙語學系任職，最初是研究計畫的統籌，也可說是研究計畫

5　李學銘：〈懷「萍居」主人丁平兄〉，收入《萍之歌──丁平詩集》（香港：香港中國文學學會，2009年），頁vii-xiv；另收入李學銘：《撥雲倚樹雜稿──古今文學辨析叢說》（臺北：萬卷樓圖書公司，2017年），頁183-190。

的總幹事，後來轉為大學編制中的副教授及教授，直到二〇〇四年再退休。現時我是新亞研究所教授和香港公開大學榮譽教授。

馬：香港語文學育學院為什麼要開辦復修課程？

李：這段歷史說來話長，簡言之，國際顧問委員會考察之後，認為香港幾所教育學院的語文教師培訓有不足的地方，而且語文教師任教一段時間以後，也需要再「充電」，即需要一所機構為他們提供復修課程，於是建議設立香港語文教育學院，提供復修課程給在職語文科教師，以便他們認識新課程的內容和要求，並掌握最新的教學法，藉此提升語文教育的素質。這個說法不免令當時一些當事人不滿，聽說有某教育學院的中文系主任，曾向院長和教育當局表示抗議。我在香港語文教育學院服務期間，曾主編多種與語文教育有關的書刊，並主持「常用字字形」的研訂，最後主編及出版《常用字字形表》（1986年初版，多次再版）。

馬：李先生提到當時教育署推行新課程和講求新教學法，可否略談新課程的內容和新教學法的特點？

李：教育署一九七三年開始籌畫新課程，一九七五年正式推行。因此，我一九七五年進入教育署的主要工作，就是向校長教師解說新課程的精神和內容，希望教育界能夠接受新課程。其實，新課程最重大的改變就是語文和文學分科，教育界初時對這個建議相當抗拒，文學愛好者尤其如此。新課程較強調語文傳意的工具性，認為教學應著重訓練學生的聽、說、讀、寫的能力。以往大部分中文科教師只重視讀和寫，忽略了聽和說的培訓。我認為語文本身有多種屬性，它既有工具性、知識性和思想性，亦有藝術性，而工具性是它的基本屬性。在語文教學中既重視基本屬性，又不忽略其他從屬屬性，是值得語文教師留意的。我曾撰文〈語

文與文學之間的困惑〉詳細討論這個問題。[6]

馬：可否談談在香港理工大學的工作？

李：在理大，除了教學，我還要主持一個大型的「提高生活語文水平研究計畫」，而「中國大陸、香港、臺灣現代應用文的調查與研究」只是「語文水平研究」的一部分，這部分由理大和上海大學合作。「語文水平研究計畫」最初由張日昇教授主持，最後則由我來承擔。研究計畫完成後，除向理大及政府有關部門提交研究結果報告外，還先後出版了《現代應用文的教學與研究》（1998）、《大專寫作教學研究集刊》（1998）、《現代應用文參考書目提要初編》（1998）、《中文雙語教學論叢》（1999）；同時，亦製作不少語文學習電腦軟件和編寫不少語文自學教材，供理大學生自學。為增強「語文水平研究計畫」的成效，理大又為學生設立語文自學中心，更於一九九八年正式成立中國語文教學中心。這個中心的成立，也由我籌畫，工作包括：制訂每年及五年預算、人手配備、教員數目、相關設施、辦公室及教員室面積等等。當時協助我籌畫的，是一位新到職的秘書，幸而她很得力。不過，其中仍有不少艱辛，真是不足為外人道。

此外，理大中文及雙語學系又要設立「畢業生離校語文測試」（包括中文寫作和普通話）。這本身是個研究課題，由一九九五年開始研發，一九九八年完成，並由一九九六年起，每年舉行預試及考試各一次，正式實施，則在二〇〇〇至二〇〇一年度開

---

6 李學銘：〈語文與文學之間的困惑〉，收入《何去何從？關於九十年代語文教學、培訓課程的策畫、管理與執行問題：語文教育學院第六屆國際研討會論文集》（香港：語文教育學院，1991年），頁80-90；另收入李學銘：《中國語文教學的現況與發展》（香港：學思出版社，1997年），頁216-229；又收入李學銘：《撥雲倚樹雜稿——古今文學辨析叢說》，頁1-17。

始。這項工作，也由我統籌。為了「離校語文測試」中的普通話測試，校長、系主任、我和測試組的同事，曾專程往北京與教育部的官員開會，商討合作細節、測試水平釐定、證書認可等等問題。為了配合「離校語文測試」，我籌辦了「語文測試與語文教學國際研討會」（2000年1月6-8日），參加的專家、學者有二百多人，宣讀的論文有九十多篇；又主編及出版相關書刊：《語文測試的理論與實踐》（2001）、《教學與測試：語文學習成效的評量》（2002）、《中國語文測試》期刊六期（2002-2004）。

一九九五年，我初到理大任職，就在校方的安排下，擔任校長的中文顧問，負責修訂校長室同事為校長草擬的文稿和信稿。為什麼有這樣的安排？主要的理由，是因為校長對外的中文應用，越來越多。可以說，這是順應時代、社會語文應用的需要，不得不講究日常的中文應用。退休前，我還印發了一冊《理大實用中文寫作手冊》，供理大同事參考。《手冊》由同事執筆，我則是全稿的校訂者和編輯者之一。

馬：李先生與丁先生如何認識？

李：我有一位相熟的同學鄭捷順在李求恩紀念中學任中史科主任，與同校任教中文科的丁先生交情很好。有一次（約在一九七五年），我約鄭捷順在茶餐廳敘舊，丁先生也來了，大家一見如故，又有同感興趣的話題，十分投契。

馬：請問李先生哪一年到李求恩紀念中學視學？

李：一九七五年我到教育署輔導視學處任職，大抵在一九七六年與同事到李求恩紀念中學進行中文科全面視學（Full Inspection）。我印象特別深刻的是丁先生十分投入教學。他不僅詳細講解作者生

平和軼事，而且講授深入淺出、通俗有趣，能夠引起學生的學習
興趣，而學生也被他的教學所吸引，上課十分專注。丁先生雖然
教五班中文，但對學生的習作仍精批細改，他的眉批、尾批密密
麻麻，可知他為學生付出了不少心力。丁先生的教學方法無疑比
較傳統，也不講究課堂活動，不過教學效果不錯。他能引發學生
閱讀、寫作的興趣，而且愛讀課外書。

一九七六年，我邀請丁先生以教師代表的身分，加入教育署中國
文學科課程委員會，因為他對文學有深厚認識，對教學有滿腔熱
誠，對學生關懷備至，是理想的人選。丁先生尤其熟悉現代文學，
與不少作家有交情，他的參與，為新課程現代文學的教材和教學，
提供了不少有用的建議。而他也為配合新課程的推行，在香港大
學校外課程部所舉辦的中國文學科教師進修課程，擔任講者。

馬：丁先生曾評論過李先生的散文，可否說說此事？

李：我認識丁先生後，常與他談論寫作的問題。我有時會把已發表的
篇章送給他，請他提提意見，包括一些讀書隨筆（部分篇章已收
入拙著《未敢廢書》）和一些散文，如：〈塵世的眷念〉、〈生的歡
喜〉、〈痛罵〉、〈獨語〉、〈喝茶〉、〈獨處的況味〉等等，內容大多
借書中一些語句或生活上的小事述說、發揮，略帶周作人筆調，
丁先生讀後常表示讚賞。我的取材和行文，或許較合他的口味。
而且，丁先生對待朋友，往往只看他們的優點，不提他們的缺
點。他對我的謬許，大抵也是如此。

馬：李先生曾在〈懷「萍居」主人丁平兄〉談及丁先生的詩、散文和
詩論，可否談談他的文學研究？

李：丁先生研究的範圍很廣，著有《中國文學史》、[7]《散文、小說的
　　寫作研究》、[8]《現代小說寫作研究》、[9]《中國現代文學作家論》
　　等著作。[10] 毫無疑問，他最擅長的始終是現代文學研究。丁先
　　生的研究不僅參考前人的成果，亦同時提出不少他自己的看法，
　　盡管他的一些觀點未必人人同意。不肯隨便依從前人舊說，正是
　　學者可貴之處。

丁平《中國文學史》（臺灣版，一九八四年）封面書影

7　丁平：《中國文學史》（香港：新文化事業供應公司，1974年）；另有臺灣版的《中
　　國文學史》（臺北：黎明文化事業公司，1984年）。

8　丁平：《散文、小說的寫作研究》（香港：新文化事業供應公司，1974年）；另有臺
　　灣版的《散文、小說的寫作研究》（臺北：黎明文化事業公司，1984年）。

9　丁平：《現代小說寫作研究》（香港：海山圖書公司，1983年）。

10　丁平：《中國現代文學作家論》（香港：明明出版社，1986年）。

上面提到教育署為了推行新設計的中國文學科，一九八一年與香港大學校外課程部合辦中國文學科教師進修課程——「中學中國文學科現代文學的教學」。在進修課程的開始，先由輔導視學處中文組首席督學蘇輝祖先生扼要講述新中國文學科的設計緣起和取向，作為開場白，然後是連續十六講。第一、二講和第十五、十六講由我負責，前兩講主要是說明中國文學科新課程的設計原則、內容、教材選取和教學要求，後兩講則結合實例，說明教師應如何根據新課程綱要的建議，設計中國現代文學的課堂教學和課外閱讀指導。第三講至第十四講，則由丁先生講述中國現代文學的概略，並詳細述論新課程所提供的現代文學教材和作者。這個課程結束後，蘇先生和我推介丁先生繼續在香港大學校外課程

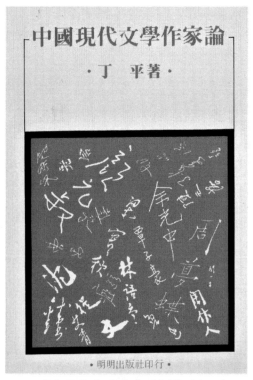

丁平《中國現代文學作家論》封面書影

部講授中國現代文學課程，而且辦了很多年，一直到他去世為止。據我了解，部分學員後來更成為「香港中國文學學會」的創會會員。

李學銘為香港中國文學學會主講「《楚辭》研究的『內學』和『外學』」（二〇〇一年三月三十一日）

馬：李先生對丁先生與學生的關係有什麼印象？

李：丁先生對學生的愛護關懷，可說盡心盡力，毫無保留；而學生對丁先生的感情也很深厚，盡力報效老師的恩情。聽說有學生到臺灣升學，他為學生寫了介紹信去拜訪當地作家，並附上玉器作為手信；另有學生到外地升學，但家境困難，他就資助學生的交通費和學費；有學生學成歸來，開辦補習社，希望回饋老師，但丁先生不要求回報，只叮囑這名學生日後他介紹清貧學生補習時，要減免他們的學費。此外，他每星期日都會在油麻地的酒樓與學生見面。我偶爾會出席，總見到學生川流不息而來，請他修改文

章有之，徵詢他升學就業意見有之，與他閒聊生活瑣事有之，經常忙個不停。丁先生對學生愛護有加，事事關心，師生關係更勝家人。他曾告訴我，他這樣對待學生，是因為他是孤兒，年輕時生活艱苦、飄泊，幸而時時得到長輩和朋友的照顧，才不會淪為餓莩，更可完成大學學業。因此，只要有一份能力，他就會竭盡所能，去幫助需要幫助的學生。

馬：李先生可否談談與丁先生的交往，他為人處事的作風如何？

李：我與丁先生平日各有所忙，來往不多，形跡不算十分密切，不過我們互相尊重、欣賞，交情很好，可說是莫逆之交。他為人豪爽、慷慨，只要是他的朋友，他都會熱心幫助，只要是他的學生，他都會用心照顧、傾囊相授。丁先生好惡之心很強，對於敷衍塞責、無心教學的教師，他會深惡痛絕，表示恥與為伍。

馬：今天很感謝李先生接受訪問，分享了昔日的寫作經驗和語文教育工作，以及與丁先生的交往。謝謝！

——原刊於《城市文藝》第十四卷第一期（2019年2月），頁89-95。

結緣《秋水》
──涂靜怡訪談記

　　涂靜怡，一九四一年生，臺灣桃園縣大溪鎮人。一九六七年開始發表作品，一九七四年與古丁先生創辦《秋水》詩刊，擔任主編四十年，付出畢生心血與精力，贏得了海內外詩友的尊崇；曾獲國軍新文藝長詩金獎、中山文藝獎、中國文藝協會文藝獎章、中興文藝獎章、中華民國新詩協會詩教獎；著有詩集《秋箋》、《畫夢》、《紫色香囊》、《回眸處》，散文集《我心深處》、《世界是一本大書》、《秋水四十年》等著作逾三十種，編有《盈盈秋水》、《悠悠秋水》、《浩浩秋水》、《泱泱秋水》和《戀戀秋水》五冊「秋水詩選」。丁平先生與涂女士相識於一九九一年，並於一九九四年開始每年組稿在《秋水詩刊》發表詩作，直至丁先生一九九九年逝世為止。

涂靜怡女士受訪時攝

日期：二〇一五年十一月十一日（星期六）
時間：上午十一時至二時
地點：臺北秋水詩屋

以下涂靜怡女士簡稱「涂」，馬輝洪簡稱「馬」

馬：謝謝涂靜怡女士接受訪問，談談與丁平先生的相識與交往。對香
　　港的讀者來說，丁先生是一位頗為陌生的作家，更不要說他與涂
　　女士和《秋水》詩刊（以下簡稱《秋水》）的緣分。請先談談
　　《秋水》創刊的緣起，讓香港讀者多一點了解這份在臺灣出版了
　　四十年的詩刊。

涂：我一九六七年開始發表作品，最初是寫散文的。[1] 後來讀「中國
　　文藝函授學校」，課程要求我們修半年的「新詩班」，因為要交功
　　課，才開始寫詩，批改老師正是古丁先生。[2] 我第一首詩就給古
　　丁老師拿去《葡萄園》發表。他是《葡萄園》其中一位創辦人，
　　擔任主編，後來介紹我進《葡萄園》磨練磨練，《葡萄園》第四
　　十三期就是他教我編的。他後來離開《葡萄園》，拉我一起創辦
　　《秋水》。但問題就來了，因為古丁老師是軍人，而我是公務
　　員，在當年那個白色年代，我們這種身分都不能夠辦刊物，所以
　　我們請印刷《秋水》的綠蒂出面向政府登記，他因此成為《秋
　　水》的發行人。從一九七四年元月創刊開始，《秋水》就是一本
　　純現代詩季刊，一年四期，分別在元月、四月、七月和十月出

1　涂女士踏上寫作道路的經過，參見涂靜怡著：《秋水四十年》（新北：詩藝文出版
　　社，2015年4月），頁261-266。
2　古丁先生，本名鄧滋章，一九二八年生，一九四七年開始寫作，一九六二年與王在
　　軍、文曉村、陳敏華等創辦《葡萄園》詩刊並擔任副總編輯，又先後創辦《中國英
　　文詩刊》、《秋水》詩刊及《中國風》雜誌。

版，四十年來不曾脫期，不曾改版，一直採用二十五開橫排。我
從第一期開始擔任主編，堅持了四十年。《秋水》一直提倡「明
朗」、「唯美」和「抒情」的詩風，四十年來都沒有改變。

馬：一九九一年十二月二十九日涂女士與丁先生第一次見面，你們是
如何認識的？

涂：一九九一年十二月，我第一次訪問中國大陸，只有我和時任《秋
水》社長雪柔二人，到武漢拜訪雁翼先生，同行的還有東北詩人
荒島和張真。我們和他們三位首次見面的地點是武漢機場。我們
在武漢遊了三天，然後乘「長江輪」，以二天二夜的航程到達上
海，遊覽了當地名勝。十多天的「大陸行」，除了看到山光水

《秋水四十年》封面書影

色、名勝古蹟，還見到了很多大陸詩友，他們的熱情讓我深深感動。雁翼先生知道我們回臺灣時途經香港，說我到香港時可以找他的朋友丁平先生見面，還說他為人有多好。所以，我回臺灣前，十二月二十九日在香港第一次與丁先生見面。丁先生親自到酒店接我和雪柔到尖沙咀頂好海鮮酒家吃晚飯。除了丁先生，還有藍海文先生和丁先生的學生何江顯等幾位。[3]

馬：這回見面有沒有談到為《秋水》組稿的事？

涂：丁先生純粹接待我們，互相認識，聊聊天而已。那一天很冷，丁先生不大舒服，面色也不好，我們吃過飯後就匆匆離開。期間，我們沒有談到《秋水》。

馬：《秋水》第七十三期（1992年4月）刊發了「太平山下的詩族群」專輯，[4] 可否談談籌辦這個專輯的緣起？

涂：這個專輯是丁先生組稿，然後寄給我發表的，全部都是他學生的作品。「太平山下的詩族群」這個專輯名字也是他取的。

馬：你們什麼時候談到為《秋水》設立定期的專輯？

涂：我記得是一九九四年臺北舉辦「第十五屆世界詩人大會」期間，我們才談到這件事。「世界詩人大會」在環亞飯店舉行，丁先生和他的學生都有參加。[5] 我記得有一個晚上，丁先生找我說他想見胡品清教授，於是我帶他找胡教授，因為胡教授不隨便見陌生

---

3 當晚出席者還有黃瑞珍、鄒健容、劉清湧、朱婉萍、陳喜勤。

4 「太平山下的詩族群」專輯包括江顯、緒心、蘇麗華、庸容、蘇楠、蔡國強、孔方、似玉的作品。

5 參加「第十五屆世界詩人大會」的包括何江顯、蘇麗華、鍾潔芝、蘇瓊花、連僑思、陳喜勤、印秀華、楊慧思、陳月明、杜連嬌、梁素雲、陳麗虹共十二位丁先生的學生。

人。我跟胡教授的關係很好，先去她的房間跟她說：「香港有一位丁平教授想跟你見面，可以嗎？」她同意後，我就請丁先生和他的學生何江顯過來跟她見面，互相認識，拍照留念。大會期間，我們談到《秋水》時，丁先生說他有一些學生喜歡寫詩，他們的學歷都很高，有碩士，也有博士，而且有很好的工作，希望他們的作品能夠在臺灣發表。他說《秋水》的風格比較唯美，適合他們發表作品，還把帶來的十多、二十份他修改過的稿子給我。我當場就收下這些稿子，對他說我會拿回去看。

馬：《秋水》第八十三期（1994年10月）「香港這一代（學院派）詩人作品展」刊登的就是這些作品？[6]

涂：對，這些作品都是那次見面時拿的。丁先生這麼愛他的學生，我就決定每年開一次專輯給他們。「學院派」這個名字是我起的，因為丁先生說他的學生都有學院的背景。丁先生對這個名字沒什麼意見，沒有說好，也沒有說不好。後來，香港有別的作者來信表示不滿，因為他們也是學院派的。我這個人是這樣的，我覺得對的事就會堅持下去，沒有理會他們，「學院派」這個名稱一直維持到丁先生逝世後才停用。

馬：《秋水》第九十期（1996）起邀請丁先生擔任香港代表，可否談談箇中原因？

涂：這是我的意思，因為我很敬重他，所以請他擔任香港代表。我每一次到香港，打電話給丁先生，他都會放下手上的工作，很熱情的接待我，現在想起來都不知道應該怎樣形容那份感動。有一

6　「香港這一代（學院派）詩人作品展」包括丁平、何江顯、馬基、蘇瓊花、蘇敬心、陳喜勤、楊慧思、潔芝、浮雲、杜連嬌的作品。

次，我們搞錯了餐廳的名字，在不同的餐廳等對方，我等了兩小時，他等了三小時，擦肩而過，最後還是見不到面。

馬：丁先生生前為《秋水》籌辦了四次「學院派」專輯（第八十三期、第八十七期、第九十二期和第九十五期），[7] 涂女士認為這些作品有什麼特點？

涂：我對這些作品的印象很深刻，都寫得很好，只是信心不大夠，不大敢寫，《秋水》有時候要等專輯的作品到來才能夠發稿。每年一次專輯固定下來，可以讓丁先生的學生定期發表作品，有鼓勵作用。

馬：丁先生一九九九年十一月二日逝世，《秋水》第一〇四期（2000年1月）辦了「文學的播種者——追懷丁平教授」專輯，[8] 包括中國大陸、臺灣、香港三地的作品。當時是如何組稿的？

涂：香港的作品由何江顯負責，大陸與臺灣的由我組稿。我寫信給雁翼先生，表示我認識丁先生是因為他的關係，現在丁先生離開了，請他寫一篇文章懷念丁先生。雁翼先生知道我不輕易開口請

---

7 第八十七期作者為江顯、華茵、潔芝、陳喜勤、蘇麗華、慧晶、胡箏、范志紅、李敏儀、麗珊、浮雲、梁瑞芳、蘇瓊花、孔方、陳月明、童心共十六位；第九十二期作者為洪巧娣、丁平、江顯、麗珊、李敏儀、孔方、華茵、水倩、潔芝、蘇敬心、如風、梁榮宗、黃海東、梁瑞芳、心荷、小喬、馬輝洪、梁惠心、心雨、慧晶、梁素雲、陳喜勤、金英、白幽玫、張思敏、胡箏、鄭儀、許桐共二十八位；第九十五期作者為林麗嬌、蘇楠、丁平、馬輝洪、江顯、雷潔貞、鄭儀、李敏儀、李美儀、區美珍、金英、梁瑞芳、梁榮宗、白幽玫、陳喜勤、范志紅、鄭瑞琴、倪雲、蘇麗華、蔓華、陳美芝、庸容、張思敏、望風、駱美萍、心荷、至柔、水倩、思兒共二十九位。

8 「文學的播種者——追懷丁平教授」專輯的作者為雁翼、綠蒂、文曉村、趙化、汪洋萍、栞川、何江顯、羅麗霞、慧晶、曾偉強、列志佳、楊岳、陳喜勤、金英、倪雲、李彩霞、庸容、范志紅、舒慧、馬輝洪、梁雪珍、盧杏賢、梁榮宗、緒心、陳琪丰、蘇瓊花、潔芝、涂靜怡共二十八位。

別人寫東西，既然我開口，他就會答應了。臺灣幾位作家都認識
丁先生，感念他對人誠懇、熱心，都寫了作品懷念他。我辦這個
專輯就是要紀念丁先生。

馬：《秋水》第一○七期（2000年10月）開始每年一次刊登「南陲幽
思」專輯。專輯的名稱為什麼由「香港學院派詩人作品展」改為
「南陲幽思」？兩者的作品有沒有明顯的分別？

涂：「香港學院派詩人」是我取的，後來丁先生走了，專輯的名字改
為「南陲幽思」，這個名字是何江顯提議的。「南陲幽思」專輯經
常有懷念丁先生的詩作，寄情的作品比較多。相較「學院派」時
期，「南陲幽思」的作品已經有進步，越寫越好。

馬：請談談二○○一年八月一日至六日邀請丁先生的學生參加《秋
水》雲南之旅的緣起。

《秋水》（第 104 期，2000 年 1 月）封面書影

涂：《秋水》主辦雲南之旅，完全是因為倪雲的關係。她投稿到《秋
水》，而且強調她是丁先生的學生，我們都談得來。這次到雲南
的名額全部都是免費的，但想去的人很多，我希望有香港的代
表，尤其是丁先生的學生，我只能夠把六個名額給何江顯，讓他
安排，至於他如何分派我就不知道。[9] 雲南女兒國真不容易去，
路途偏遠，現在越想越危險，不過瀘沽湖真的很漂亮，不枉此
行。我請大家以詩文記錄所思所想，隨即在《秋水》第一一一期
（2001年10月）刊登「雲南行專輯」，共二十六位作者的作品。

馬：二〇〇三年十一月廿三日下午，丁先生的學生出席假臺北羅斯福
路「中國文藝協會」舉辦的「秋水三十周年慶」，當時的盛況如
何？

涂：其實，二〇〇四年一月才是《秋水》三十周年，因為「第二十三
屆世界詩人大會」十一月廿四日剛好在臺灣舉行，我們決定提前
兩個月慶祝，出席的詩友有一百多位，香港的詩友也來了。[10] 我
希望三十周年紀念有一些新意，於是想到除了展出《秋水》各期
詩刊、詩選、同仁的著作、手稿和書簡外，還舉辦書畫和攝影
展，展出同仁的作品，參展的包括我、栞川、陽荷等，可惜展期
只有三天，太短了。

馬：《秋水》在香港的流通情況如何？

涂：《秋水》在香港主要是靠訂閱，像你們這些訂戶，發行量不多。

馬：《秋水》雖然是一份臺灣詩刊，但與香港的作者有一些交流與互

---

9 六位香港代表為江顯、馮燕雲、馬輝洪、梁潔貞、倪雲、舒慧。

10 他們是何江顯、馮燕雲、馬輝洪、鍾潔芝、蘇瓊花、梁潔貞、陳琪丰、舒慧、龍達
霈、楊慧思、廖娟娟、金英和曾偉強。

動，值得大家留意。過去，我也注意到涂女士有詩作在《香港文學報》上發表。

涂：除了丁先生以外，《香港文學報》的張詩劍先生與《秋水》的關係比較密切，他為《秋水》寫稿之餘，也邀請我在《香港文學報》寫詩。我為《香港文學報》寫了一段日子後，就不再寫了。

馬：我們今天來到「秋水詩屋」，當然要談談詩屋的緣起。為什麼有這個構思？

涂：我這個夢想是在雲南萌芽的。那一次我們看到臺灣村，我被那裡美麗的景色深深的迷住了，心裡想：如果可以在那裡建一間詩屋多好！後來，我回到臺灣，再想到每一次到雲南的詩屋豈不是要坐飛機嗎？這不可能吧。但是，詩屋的夢想我沒有放棄，最後我就決定在臺灣建「秋水詩屋」。除了我和十八位詩屋創始人拿錢出來，我們還呼籲《秋水》一百位詩友成為贊助人，最後我還要向銀行貸款，終於在二〇〇六年四月十六日在新北市公所站「捷運大樓」十六樓一個單位成立了「秋水詩屋」。後來，這所「秋水詩屋」不敷應用，於是再搬到花園新城攬翠樓這裡來。不過，換來的代價是我成為「房奴」，一路下來的日子都過得很辛苦。

馬：現在回顧的話，丁先生對《秋水》有哪些貢獻？

涂：他一直很支持《秋水》，把《秋水》的同仁當成朋友來看待，對我們很好。我每一次路過香港，他都會接待我，還堅持送我到機場離港。那時候他的太太仍躺在醫院，他拿著暖壺湯水，還要來與我們見面，我真的很感動。我們對他的感念，不是用言語能夠表達的。還有他介紹他的學生給《秋水》，在《秋水》上發表他們的作品，貢獻很大。

馬：你對丁先生有哪些深刻的印象？

涂：我欣賞丁先生，因為他所做的事不是為了自己，而是為了他的學生，真的了不起。我記得有一次，他跟我說如果他們的稿子太多，寧願抽掉他的詩，也要刊登他學生的作品。他對學生的愛護，無私的付出，不單香港難求，臺灣也僅見。另外，大家都知道丁先生喜歡玉，尤其是古玉，《秋水》同仁趙化曾經從臺灣專程到丁先生家中，拍攝他珍藏的眾多古玉，籌備出版一本專書。相片已經拍好了，怎料丁先生的病情惡化，無法為古玉撰寫說明，出版計畫最後無疾而終，十分可惜。丁先生不單自己愛玉，亦喜歡送玉給各方友好。我保留了幾件丁先生給我的玉器，以作紀念。

馬：涂女士最近的寫作情況如何？

涂：我最近為《葡萄園》開了一個專欄，隨心隨意的寫文章。我之所以答應他們，都是因為感念四十多年前與《葡萄園》的緣分，到今天這份情還在。

馬：今天十分感謝涂女士接受訪問，回顧了與丁先生的交往，以及《秋水》的舊事與記憶。《秋水》四十年，共出版了一百六十期，並編了《盈盈秋水：秋水十五周年詩選》（1989）、《悠悠秋水：秋水二十周年詩選》（1993）、《浩浩秋水：秋水二十五周年詩選》（1999）、《泱泱秋水：秋水三十周年詩選》（2003）、《戀戀秋水：秋水四十周年詩選》（2013）五本詩選，不僅是臺灣詩壇的寶庫，也是臺港文學交流的見證。謝謝！

──原刊於《聲韻詩刊》第四十五、四十六期
（2019年3月），頁176-179。

師生情長

──江顯訪談記

　　江顯，本名何江顯，一九五〇年生於香港。一九七二年香港大學文學士，一九九七年廣大學院哲學博士，二〇〇七年退休時為中學校長。一九九八年獲頒中國文藝協會文藝獎章、海華中心第一屆師鐸獎，二〇〇〇年擔任香港中國文學學會會長迄今。詩作散見藍海文、丁平主編《沒有冬季的港灣》、[1]丁平主編《踏出的第一步》、[2]《秋水》詩刊等。一九八一年隨丁平先生學習文學創作，直至一九九九年丁先生逝世為止，長達十八年，是跟隨丁先生日子最長的學生。本訪問稿經何江顯先生審閱定稿。

江顯先生受訪時攝

1　藍海文、丁平主編：《沒有冬季的港灣》（香港：天馬圖書公司，1989年）。
2　丁平主編：《踏出的第一步》（香港：明明出版社，1991年）。

日期：二〇一三年二月六日（星期三）／
　　　二〇一九年一月十一日（星期五）
時間：下午三時至六時／下午四時半至七時
地點：香港油麻地城景酒店大堂餐廳／天主教喇沙會張振興伉儷書院

以下江顯先生簡稱「江」，馬輝洪簡稱「馬」

馬：今天很高興與江顯先生談談丁平先生的往事，尤其是他的文學教
　　育及推廣工作。請問江顯先生什麼時候對文學產生興趣？

江：我是在一九六〇年代完成香港中學教育的：一九六二年小學畢
　　業，到聖若瑟書院升讀中一，一九六七年中學會考畢業，一九六
　　九年預科畢業，並考入香港大學。當時的中學中文教育以古典文
　　學為主，現代文學為輔，並且以一九四九年為限，只收入魯迅的
　　〈阿Q正傳〉和〈孔乙己〉、朱自清的〈背影〉和〈荷塘月色〉、
　　冰心的〈寄小讀者〉、胡適的〈差不多先生傳〉、徐志摩的〈想
　　飛〉等五四作家的作品。

　　中四分科時，我選了理科，後來發覺自己的興趣和能力在文科，
　　於是毅然在升中五後轉讀文科，幸好順利升讀預科和港大。現在
　　回想起來這個決定是頗大膽的，不過也是我開始接觸文學的起
　　點。其實，我對文學的興趣受到大哥何禎顯和二哥何清顯的影響
　　很大：前者入讀新亞書院中文系，畢業後曾先後在小學和中學任
　　教中文科，退休前是喇沙書院中文科主任；後者在港大英文系進
　　修，畢業後曾任教中學，後來轉到博物館工作，退休前是博物館
　　總館長。在他們二人的薰陶下，我漸漸對文科產生好感，不知不
　　覺間喜歡文學。

　　在求學的階段，我很喜歡看《中國學生周報》和《青年樂園》，

每星期都會買來看。我現在已經記不清楚怎樣接觸到這兩份刊物，當時就是喜歡看而已。後來，徐速先生主編的《當代文藝》和王敬羲先生主編的《純文學》對我的影響很大，甚至比《中國學生周報》和《青年樂園》的影響更大。我仍然記得中五暑假期間，曾經到《中國學生周報》位於登打士街翠園大樓的社址學普通話，希望慢慢加深對祖國的認識。

馬：從閱讀刊物的轉變，我們已經看到江顯先生的興趣逐漸轉向文學。

江：我透過閱讀報刊慢慢建立對文學、國家的認識，儘管只是一些朦朦朧朧的觀念，後來才有比較自覺的追尋。在中學階段，我從《當代文藝》和《純文學》獲得不少文學知識，同時追看高原出版社的書刊，如徐速的小說《星星‧月亮‧太陽》、《櫻子姑娘》、《疑團》，散文《一得集》、《心窗集》，李輝英的小說《鄉村牧歌》，黃思騁的小說《獵虎者》等，培養了我對文學的興趣，反而師友的啟發和激勵相對較少。後來，我常常到位於漢口道由王敬羲開辦的文藝書屋，看見很多文星出版社的書籍，從中認識了不少臺灣作家如於梨華、白先勇、余光中、司馬中原等，以及著名的《現代文學》雜誌。

馬：何先生認為閱讀這些書刊對你寫作有什麼影響？

江：我純粹是因為喜歡這些作品，尤其愛讀小說和散文，沒有想過對寫作有沒有幫助。不過，書讀多了，自自然然受到作品的薰陶，文筆也逐漸有進步。這些書刊亦擴闊了我的視野，發覺當代作家的作品與課本上的五四文學原來如此不同，甚至透過翻譯作品認識了一些外國作家如日本的川端康成和三島由紀夫、俄國的托爾斯泰和屠格涅夫等，凡此種種都激發我追看文學書刊的渴求。

馬：可否分享在港大進修的情況？

江：我在港大選科，主要以興趣為先，修讀了中國文學和英國文學各四張卷。港大三年曾修讀過馬蒙教授的先秦文學、黃六平教授的文字音韻、羅慷烈教授的詩詞、何沛雄教授的明清文學、黃兆傑、張曼儀和劉唯邁各位老師的現代文學，還有 Mrs. Mary Visick、Dr. Mimi Chan、Ms. Vale 等老師教授的英國文學課如 Metaphysical Poets、Shakespeare、Modern Novel 等。這些科目的課業都很繁重，很多同學都視為畏途，我當時不知哪裡來的傻勁竟然讀中英各四張卷！

馬：一九七二年港大畢業後，江顯先生修讀了一年制的教育文憑，然後開始在中學任中文科教師。後來，為什麼修讀丁平先生的課程？

江：從一九八一年九月開始，香港教育署把過去中四、中五的「中文科」分拆為「中國語文科」和「中國文學科」，前者是必修科，後者則是選修科。為了熟習「中國文學科」的課程和教學，教師可以修讀由署方主辦的「中學中國文學科現代文學的教學」課程。這個課程由教育署李學銘先生籌備，並由香港大學校外課程部開辦，李先生負責第一、二、十五和十六講，[3] 丁平先生負責第三至十四講。[4] 我最深的印象是丁先生上課時，都自備手寫的講義分發給同學。

---

3 李學銘先生第一講的題目為「中學中國文學科課程綱要『現代文學部分』的剖析」，共分七節：一、引言；二、中學程度中國現代文學的教學目標；三、課程綱要中有關現代文學教學範圍的提示；四、現代文學的下限年代問題；五、教學時間的分配；六、現代文學習作的類別與分量；七、結語。

4 「中學中國文學科現代文學的教學」課程的緣起及內容，詳參本書〈未盡忘卻的往事──李學銘訪談記〉，頁111-124。

馬：其後，丁先生每年都在港大校外課程部開辦文學及語文課程，可否談談他開辦的課程有什麼特色？

江：「中學中國文學科現代文學的教學」課程完結後，丁老師繼續在港大校外課程部開辦課程，多年來曾開辦的包括中國現代文學作家論、現代文學史、現代文學創作、中國文學史、應用文等，他最忙時同時開三門課，分別在星期四和星期五晚上，以及星期六上午上課，每堂課都派他手寫的講義。我每年通常上兩門課，重複的盡量不修，有些同學也是每年不停修他的課。丁老師每年在港大校外課程部開課，我相信與黃康顯教授大力支持不無關係。

馬：什麼原因促使你十八年來無間斷地修讀丁先生的課？

江：下班後上他的課已經是我多年來的習慣，這些年相處下來我們的關係彷彿親人一樣，每星期與他和其他同學見面最自然不過。大家相處愉快，除了在文學上有所收穫，做人處事也有所得益，這些都是我堅持修他的課的原因。

馬：丁先生授課有什麼特點？

江：他上課必有自己撰寫的講義，而內容亦不斷補充，不斷更新材料。另外，他上課時十分投入，不單講述講義的內容，亦不時分享文壇軼事，以及與作家的交往。他有時候準備了很詳盡的講義，一堂下來還講不完一頁紙的內容，不過我們卻聽得興味盎然，樂在其中。所以，每年修他的課，內容雖有重複，亦同時有新的得著，譬如每年諾貝爾文學獎公佈獲獎作家後，丁老師一、二星期內已經整理好獲獎作家的介紹及評論，如莫里森、大江健三郎、希尼、辛波絲卡等，即時與我們分享，擴闊了我們的文學視野。

丁老師善於把握作家和學者過港的機會，邀請他們到課堂上與我
們分享創作和研究心得，如白樺先生、向明先生、墨人先生、張
默先生、張香華女士、古遠清教授、魏子雲教授、夏傳才教授
等，我們從他們身上獲益良多。另外，丁老師邀請過鍾鼎文、洛
夫、羅門、蓉子等主持畢業儀式及頒授證書。丁老師彷彿是學生
與各位著名作家、學者的橋樑，拉近我們的距離。

馬：丁先生曾經在刊物上發表學生的作品，以至結集出版。可否談談
這些舊事？

江：丁老師經常鼓勵大家寫作，一九八〇年代後期開始在《香港時
報》「香港中國筆會」園地「文學天地」（逢星期日出版）為學生
發表作品，後來也在臺灣《秋水》詩刊發表。[5] 期間，亦零星地
在各種報刊如《聯合報》副刊、《中華日報》副刊等刊發學生的
作品。我還記得第一篇交給丁老師的作品是短詩〈歲暮過羅湖
橋〉，寫於一九八七年二月，只有四行：「已沒有橋的色相／但有
樽頸的鄉愁／這端黑藍，那邊草綠／十載後將是何顏色？」。老
師最初逗我們說短詩很容易寫，鼓勵我們嘗試，他後來才對我們
說短詩其實是最難寫得好。

丁老師第一本為學生出版的書是詩集《沒有冬季的港灣》，與藍
海文合編，一九八九年由天馬圖書公司出版。這本詩集以「香港
詩人協會」的名義收錄會員自選的作品，因此，除了丁老師及其
學生孔方、何如、何江顯、李海瀾、梁惠芬、梁肇祺、章簡、惜
流、庸容、黃桂樵、楊惠琪、緒心、潔芝、魯茅、蘇枬和蘇麗華
外，還有吳正、傅天虹、曾逸雲、楊榴紅、慕容羽軍、夢如和藍

5　《秋水》詩刊發表丁平及其學生作品的詳情，可參見本書〈結緣《秋水》──涂靜
　　怡訪談記〉，頁125-134。

海文。

一九九一年，丁老師出版第二本學生的書是詩、散文合集《踏出的第一步》，由他主編，收錄鮑慧晶、陳喜勤、陳詠琴、蔡國強、庸容、朱婉萍、潔芝、魯茅、傅秉、何如、何江顯、孔方、葉柏操、江芷玲、梁肇祺、梁瑞芳、梁惠芬、凌麗嫦、惜流、麥秀歡、蕭嘉蓮、蘇瓊花、蘇麗華、譚婉儀、曾廣荃、曾偉麗、黃桂樵、緒心、楊惠琪和余似玉，共三十位修讀一九八九至一九九〇年度「現代詩及散文創作文憑課程」的學生作品，[6] 包括詩作七十二首和散文十三篇。我負責具體的編務工作，包括接洽印刷廠、排版、校對、封面攝影等。出版後，我記得曾經在上海印書館等地方寄售。

丁平主編《沒有季節的港灣》（一九八九）和
《踏出的第一步》（一九八九）封面書影

---

6 「現代詩及散文創作文憑課程」由「世界華文詩人協會」及香港大學校外課程部於一九八九年聯合開辦。見丁平：〈編餘瑣語〉，《踏出的第一步》，頁146-148。

馬：丁先生在港大校外課程部任教期間，曾經在不同的地方上課，是
　　否如此？

江：丁老師最初在港大陸佑堂上課，但為時不長。後來，改到位於上
　　環的信德中心港大校外課程部，持續了一段頗長時間。期間，亦
　　到位於佐敦的聖瑪利中學上了一段長時間的課。最後，在金鐘港
　　大校外課程部。我們在不同地方上課就會有不同的經歷，譬如上
　　課前飲茶或者下課後吃晚飯的地點就會不同。

馬：丁先生對學生的要求高嗎？

江：丁老師明白大家在工餘時間修讀他的課，能夠出席已經不容易；
　　他對學生沒有太多要求，只要交作品給他修改，他已經很高興了。
　　大家上他的課，完全沒有壓力。在寫作方面，丁老師經常勸戒我
　　們不要急於發表作品；至於行事為人方面，他透過言傳身教，希
　　望我們待人以誠，熱心助人，但不要阿諛奉承、巴結權貴。

馬：從上面的憶述，我們對丁平先生一九八〇年代後的文學教育工作
　　有一些了解。現在談談丁先生的生平和文學推廣工作。丁先生有
　　沒有談到他青年時期的生活？

江：丁老師曾說他祖籍東北，後來先人定居南方。丁老師的童年在肇
　　慶度過，十多歲離開，前往廣州，終其一生沒有再回到肇慶。後
　　來，他在詩作〈我已回來——夢謁鼎湖慶雲古剎〉中提到他幼年
　　時經常夜訪古剎，[7] 可知慶雲寺是他曾經蹓躂的地方。我聽丁老
　　師說，他在廣州的日子過得很艱苦，後來輾轉前往桂林。一九四
　　一年左右，在韶關及桂林隨李金髮、胡風、李廣田學習詩及散

7　丁平：〈我已回來——夢謁鼎湖慶雲古剎〉，收入丁著《萍之歌——丁平詩集》（香
　　港：香港中國文學學會，2009年），頁182-184。

文，洪深、歐陽予倩學習劇本。期間，丁老師從軍，曾經參加「粵北會戰」、「第二次長沙會戰」。他曾說，一九四九年海珠橋被炸毀前，他們是最後一批撤退的人員。

後來，丁老師從廣州到了澳門，還在板樟堂街辦了青年書局，出版過近千行的長詩《南陲線上》（1955）。丁老師在澳門邂逅了師母吳秋蓮女士，廝守終生。據說，丁老師與當時避居澳門的嶺南畫派大師高劍父及其弟子司徒奇等時有往還。

馬：丁平先生如何輾轉來到香港？

江：丁老師大約在一九五〇年代末、六〇年代初從澳門到香港。一九七〇年代到李求恩紀念中學任教，一九八三年退休。[8]

馬：請談談丁平先生與「香港詩人協會」的關係。

江：「香港詩人協會」是藍海文先生和丁老師一起創辦的，他們分別擔任會長和副會長。「香港詩人協會」的成立旨在「促進詩歌創作，以詩文會友，增進詩人友誼」，[9] 曾經出版由藍海文先生和丁老師合編《沒有冬季的港灣》（1989）。另外，丁老師在港大校外課程部的課程，也是以「香港詩人協會」副會長的身分開辦。後來，丁老師與藍先生對重組理事會的意見出現嚴重分歧，一九九七年十二月十八日毅然退會。

---

8 蘇麗華同學表示，她於一九八二至一九八三學年開始在李求恩紀念中學任教，而丁平老師完成這學年的教學工作後退休，他們前後共事一學年。她與丁老師同處一個容納二、三十人的教員室，時有交流，亦不時聽到他高談如何培養學生對中國語文和中國文學的興趣和素養。丁老師鼓勵學生寫週記，題材不限，學生在他諄諄善誘下寫出來的作品水平遠超一般中學生。另外，他在週記也寫了很多評語來鼓勵學生，也給了一些寫作導向。丁老師驚人的教學熱情和魄力令人敬佩。

9 見〈香港詩人協會章程〉第1章。

馬：何先生知道丁平先生與《世界中國詩刊》的關係嗎？

江：《世界中國詩刊》創刊於一九八五年十二月，不定期出版，至一
九八九年二月共出版了十三期，藍海文擔任社長兼主編，丁老師
早期擔任編委，後期擔任副社長。一九九七年四月復刊，但只出
版了一期。《世界中國詩刊》除收錄中、港、臺三地著名詩人的
詩作外，亦刊登丁老師學生的作品。

馬：丁平先生與「世界華文詩人協會」有什麼關係？

江：《世界中國詩刊》創刊時，已經醞釀成立「世界華文詩人協會」，
直至一九八九年八月二十三日才正式成立，並於一九九一年八月
十九日根據香港社團條例註冊。「世界華文詩人協會」的會長為
藍海文、雁翼和羅門，秘書長為丁平，副秘書長為文曉村。「世
界華文詩人協會」的成立旨在聯繫世界各地的華文詩人，致力
「開拓華文詩人的共同事業，讓中國詩走向未來，走向世界」。[10]

馬：丁平先生曾先後出席在臺灣（1994）及南韓（1997）舉行的「世
界詩人大會」，可否談談此事？

江：丁老師獲「世界詩人大會」會長綠蒂先生邀請，先後兩次參加
「世界詩人大會」，並帶領學生參會見識，順道拜會出席的著名
作家。一九九四年，參加在臺灣舉行的「世界詩人大會」的成員
包括連僑思、陳喜勤、印秀華、鍾潔芝、楊慧思、蘇瓊花、杜連
嬌、梁素雲、陳麗虹、蘇麗華和我。一九九七年，參加在南韓舉
行的「世界詩人大會」的成員包括馮燕雲、范志紅、鍾潔芝、蘇
瓊花、陳喜勤、龐金英、倪雲碧、何麗兒、沈慧玉、屈倩萍、駱
美萍、李彩霞、馬輝洪和我。

---

10 見〈世界華文詩人協會會章〉第二章。

馬：請憶述丁平先生先後兩次出席「詩經國際學術研討會」的情況。

江：丁老師獲「中國詩經學會」會長夏傳才教授邀請，先後出席了第
三屆（1997）和第四屆（1999）在桂林和濟南舉行的「詩經國際
學術研討會」，隨團出發的成員包括第三屆的鍾潔芝、朱佩瑜和
楊慧思，以及第四屆的鍾潔芝、蘇瓊花、李彩霞、楊岳、馬輝
洪、梁潔貞、蔡若蓮、黎桂萍、盧杏賢和我。我與丁老師和其他
同學出席第四屆會議後，同遊大明湖、曲阜的孔林、孔廟等地，
並登上泰山，圓了他多年來希望造訪此地的心願。

馬：丁平先生為什麼創立「香港中國文學學會」？

**丁平及其學生出席「第十五屆世界詩人大會」期間，與臺灣多位
作家及教授合照。前排坐者張默（左一）、魏子雲（左二）、丁平
（左三）、洛夫（右二）、鄧文來（右一）；前排左一：向明（站立
者）；後排左二：管管。**

江：丁老師於一九九七年十二月退出「香港詩人協會」之後，決定另
外籌組文學團體，於一九九八年五月十六日創立「香港中國文學
學會」，並擔任創會會長。「香港中國文學學會」的成立旨在「竭
力匯集在香港及大陸、臺灣、海外之中國文學工作者的智慧與經

驗，共同擔負中國文學的繼往開來之民族使命。」[11]「香港中國文學
學會」積極參與兩岸的文學活動，除了組團出席「世界詩人大
會」和「詩經國際學術研討會」外，還每年組稿在臺灣《秋水》
詩刊發表。一九九九年十一月丁老師逝世後，我接任會長，繼續
丁老師推動文學的遺願。

馬：請談談在臺灣「中國文藝協會」舉行玉展的緣起及經過？

江：丁老師成立「香港中國文學學會」兩個月後，接受「中國文藝協
會」的邀請，帶領訪問團團員陳喜勤、蘇瓊花、蘇麗華、李彩
霞、楊岳、何麗兒、駱美萍、沈慧玉和我共九人到臺訪問，並於
七月十九日參加文學座談會，以及舉辦「丁平教授師生藏玉欣賞
會」，出席的作家有周夢蝶、魏子雲、向明、管管、鄧文來、綠
蒂、涂靜怡、琹川等，十分難得。丁老師此行非常高興，回港後
仍不時與沒有出席的同學提起這次難得的旅程。

馬：可否談談《萍之歌──丁平詩集》的出版緣起？

江：我們跟隨丁老師多年的同學都知道，他把出版詩集的念頭一直擱
在心裡很久，但生前未能成事。二〇〇九年適逢丁老師逝世十周
年，我們決定出版詩集《萍之歌──丁平詩集》以作懷念。《萍
之歌》收錄他六十首詩作，以及兩篇詩語，並邀得丁老師三位好
友寫序，分別是夏傳才的〈丁平走了〉、李學銘的〈懷「萍居」

___

11 見〈「香港中國文學學會」會章（1998年5月16日）〉第3節。

主人丁平兄〉和綠蒂的〈丁平先生其人其詩〉，希望讀者對丁老師有更多認識。此外，《秋水》第一四三期（2009年10月）刊出了「南陲幽思——懷念丁平老師逝世十周年專輯」，以作紀念。[12]

丁老師逝世後，我們十多位同學每年春秋二祭都會到粉嶺龍山寺，懷緬老師多年的教誨之餘，亦可維持同學之間的聯繫，已經堅持了二十年，相當難得。

馬：感謝江顯先生憶述追隨丁平先生十八年的舊事，以及分享他在文學教育和推廣的工作，讓大家不會忘記丁先生的貢獻。謝謝！

——原刊於《秋水》第一〇八期（2019年7月），頁51-59。

---

12 「南陲幽思——懷念丁平老師逝世十周年專輯」作者為綠蒂、江顯、李彩霞、水倩、蘇敬心、蔡國強、梁潔貞、蘇瓊花、潔芝、庸容、馬輝洪、范志紅、張思敏、楊慧思、李美儀、曾偉強、梁榮宗、至柔、黃瑞珍、慧晶、惜流、趙化和涂靜怡共二十三位。

附錄一
夏傳才與香港地區《詩經》研究
——以「香港中國文學學會」為考察中心

一　引言

　　夏傳才，一九二四年生於安徽亳州，是中國著名學者、《詩經》學權威，先後出版《詩經研究史概要》（1982）、《詩經語言藝術新編》（1988）、《十三經概論》（1998）、《思無邪齋詩經論稿》（2000）、《二十世紀詩經學》（2005）等多部具廣泛影響力的學術著作，以及主編多套大型《詩經》研究叢書如《詩經要籍集成》（初編）（共四十二卷，2002年初版，2015年修訂版）、《詩經要籍集成》（二編）（共四十卷，2015）、《詩經研究叢刊》（2001年創刊，至今共出版二十八輯，前二十五輯由夏傳才主編）、《詩經學大辭典》（上下冊，2014），歷任河北師範大學教授、香港廣大學院講座教授、日本宮城女子大學社會科學研究所特聘研究員、中國作家協會會員、全球漢詩總會名譽理事、中國詩經學會顧問、中國屈原學會顧問、日本詩經學會顧問，在國內外有傑出貢獻的國家級學者，經國務院批准獲政府特殊津貼。一九九三年，夏傳才創辦了「中國詩經學會」，團結國內外《詩經》學者，大力推進全球《詩經》學的發展。他一直關注香港地區的《詩經》研究，在《二十世紀詩經學》一書中特闢〈《詩經》研究在香港〉一節，回顧了饒宗頤、潘重規、左松超、李家樹等諸位香港學者

的《詩經》著述,總結了香港地區《詩經》研究的成果。[1] 此外,夏
傳才曾有意在香港設立中國詩經學會的工作組或工作委員會,[2] 最後
以「香港中國文學學會」為聯絡點,[3] 推動香港地區的《詩經》研
究。香港中國文學學會於一九九八年五月成立,創辦人為已故香港詩
人、學者丁平(1922-1999)。本文首先回顧夏傳才與丁平相識逾半世
紀的交情,然後闡述香港中國文學學會在《詩經》研究方面的工作,
藉此反映夏傳才與香港地區《詩經》研究的關係。

二 丁平與香港中國文學學會

　　丁平,原名甯靖,筆名艾莎、沙莎。一九二二年生於廣東肇慶。
抗戰期間,丁平從軍並參加「粵北會戰」及「第二次長沙會戰」。一
九四一年在韶關及桂林隨李金髮、胡風、李廣田學習創作新詩及散
文,以及洪深、歐陽予倩學習寫作劇本。抗戰時期,桂林是西南大後
方的文化中心,聚集大批文化人,丁平與當時的青年作者黃崖、碧
原、劉夜曲、李若川等自發組成抗戰詩歌工作隊,[4] 滿街張貼艾青、

---

1 夏傳才:〈《詩經》研究在香港〉,收入夏著《二十世紀詩經學》(北京:學苑出版
　社,2005年),頁377-381。
2 夏傳才曾表示:「本會(中國詩經學會)將視繼續發展的規模,為在香港特別行政
　區工作方便,擬考慮設立工作組或香港工作委員會。」見〈香港十位會員入會〉,
　《中國詩經學會會務通訊》第11期(1998年6月),頁5。
3 見本書:〈相識五十載──夏傳才訪談記〉,頁1-9。
4 一九五六年,丁平寫下〈詩卡一束──聖誕,新年寄戰鬥中的文友,和迷失了的亡
　魂。〉一詩,追懷多位抗戰時期的文友,在後記中他提及:「現在,黃崖工作於馬
　來亞,碧原遠居北美,夜曲和若川至今下落不明。戰時同在桂林從事新詩創作的
　『詩隊伍』,居港的就只我一人了」。見丁平:〈詩卡一束──聖誕,新年寄戰鬥中
　的文友,和迷失了的亡魂。〉,收入丁著:《萍之歌──丁平詩集》(香港:香港中
　國文學學會,2009年),頁90-99。

胡風和丁平寫的「街頭詩」，進行抗敵文藝宣傳活動。[5] 這些短小、通俗的「街頭詩」一般貼在街頭、村莊的牆上，類似貼標語，「用以團結人民、鼓舞人民，堅持抗戰。」[6] 一九四二年，丁平一口氣出版了一萬三千行敘事長詩《在珠江的西岸線上》（桂林七月雜誌社）、散文集《漓江曲》（桂林文化服務社）和劇本《中華民族萬歲》（桂林文化服務社）三本著作，創作激情噴薄而出。當時，夏傳才正身處桂林，雖然仍是「毛頭小伙子」，「但已是全國抗敵文協會員，與丁平有面識之緣，因各有工作，未曾交往，但知其人其事」[7]，對丁平「熱情、好學、勤懇、樂於助人」的態度，以及對新詩的酷愛留下深刻的印象。[8] 丁平離開桂林後，輾轉到中山大學進修，取得文學士及教育碩士。一九五〇年代旅居新、馬、臺、港、澳各地，一九六〇年代定居香港，長期從事文教工作，集詩人、學者、文學活動家、編輯多重身分於一身，歷任香港詩人協會副會長、世界華文詩人協會副會長兼秘書長、香港中國文學學會會長，先後出版千行長詩《南陲線上》（澳門：青年書局，1955）、《現代小說寫作研究》（香港：海山圖書公司，1983）、《中國文學史》（臺北：黎明文化公司，1984）、《散文、小說寫作研究》（臺北：黎明文化公司，1984）、《中國現代文學作家論》（香港：明明出版社，1986）等多部著作。[9]

　　夏、丁二人桂林別後，匆匆五十餘載，分處中、港二地，音訊隔

5　夏傳才：〈丁平走了〉，收入丁平著：《萍之歌——丁平詩集》，頁i至vi。
6　見本書：〈相識五十載——夏傳才訪談記〉，頁1-9。
7　夏傳才：〈丁平走了〉，收入丁平著：《萍之歌——丁平詩集》，頁i至vi。
8　夏傳才：〈丁平走了〉，收入丁平著：《萍之歌——丁平詩集》，頁i至vi。
9　丁平的文教工作詳見馬輝洪：〈遺忘與記憶——丁平老師逝世十周年記〉，《城市文藝》第4卷第11期（2009年），頁35-37。

絕，未復得見。半世紀後一次偶然的聚會，再次把二人的緣分重新接
合起來。一九九六年，夏傳才應臺灣中央研究院邀請，前往演講。回
程過港期間，香港詩人協會會長藍海文設宴款待，夏傳才在宴會上重
遇丁平，他形容二人：「由於相隔半個多世紀，都非昔時容貌，我也
早就不用當年的化名，正是重逢而不相識。面對這位與我年歲相當的
『新交』，隱約地覺得，他的熱情、勤懇和發自內心的對他人的關注之
心，那神態，對我又似曾相識。」[10] 一九九六年七月，中國詩經學會
理事會肯定丁平在《詩經》學術研究和國際文化學術交流的貢獻，推
舉他為名譽理事，正式成為中國詩經學會在香港的聯絡人。一九九七
年八月，丁平應中國詩經學會的邀請，率團參加在桂林舉行的「第三
屆《詩經》國際學術研討會」，並當選研討會主席團成員，又獲邀主
持論文發表會，交流《詩經》研究的經驗。丁平在研討會開幕式上表
達了今後加強大陸和香港交流的願望，並歡迎大陸同行來港訪問。[11]
會議期間，大會安排參會者遊覽漓江，飽覽桂林山水。丁平在遊船上
憑欄遠望，與夏傳才共同追憶起抗戰期間在漓江西岸的工作，以及當
日抗戰詩歌工作隊的舊事。這當下二人才赫然發覺，彼此原來是五十
多年前相識的文友，如今得以相見，談及昔日往事，恍如隔世。

　　一九九八年五月十六日，丁平註冊成立香港中國文學學會，其宗
旨清楚說明：「中國文學的歷史源遠流長，文學遺產之豐碩，早獲國
際肯定，影響幅員，既深且遠。本會是香港特別行政區從事中國文學
工作者的一個純文學團體，不分種族、膚色、性別、宗教和政治信
仰，凡從事中國詩歌、散文、小說和劇本之創作、研究、翻譯，或文

---

10 夏傳才：〈丁平走了〉，收入丁平著：《萍之歌──丁平詩集》，頁i至vi。
11 丁平：〈開幕式上的講話〉，收入中國詩經學會編：《第三屆詩經國際學術研討會論
　　文集》（香港：天馬圖書公司，1998年），頁18-19。

學史、文學理論、文學批評的著述者,都可參加。」[12] 而香港中國文
學學會的使命在於:「竭力匯集在香港及大陸、臺灣、海外之中國文
學工作者的智慧與經驗,共同擔負中國文學的繼往開來之民族使
命。」[13] 夏傳才指出丁平以香港中國文學學會的名義聯繫海峽兩岸的
文化和文學組織,通過對中國文學的學習和研究,開闊學生的視野,
以及開拓他們的活動空間。[14]

**一九九八年五月十六日,丁平(中排左三)成立香港中國文學學會,舉
行第一次全體會員大會。**

一九九八年十一月,丁平接受切除胃癌手術。在康復期間,丁平
堅持率領學生參加一九九九年八月四日至八日在濟南舉行的「第四屆

12　〈「香港中國文學學會」會章(1998年5月16日)〉第一節。

13　〈「香港中國文學學會」會章(1998年5月16日)〉第二節。

14　夏傳才:〈丁平走了〉,收入丁平著:《萍之歌──丁平詩集》,頁i至vi。

《詩經》國際學術研討會」，這是他第二次也是最後一次參會。他不僅再次當選為主席團成員及獲邀主持論文發表會，並發表論文〈香港大專校院中文系建立《詩經》單元課程爭議〉。會議期間，丁平獲頒「第一屆學術研究成果評獎」的「穎南杯」及「特別榮譽獎」，[15] 表揚他「一生從事詩歌創作、研究和教學工作，在香港培養文學工作者，也為『中國詩經學會』發展了一批香港會員。」[16] 一九九九年十一月二日，丁平因病辭世，享年七十七。丁平逝世後，香港中國文學學會由跟隨他十八年的學生何江顯接任會長一職，除了主持會務，亦繼續推進與兩岸文學團體的聯繫。丁平逝世至今十七年間，夏傳才與中國詩經學會同仁經港時，經常與香港中國文學學會同仁聚晤，分享詩經學會的最新動態，而香港中國文學學會每屆都組團參加《詩經》研討會，從未間斷，一直恪守丁平創會時鼓勵會員積極參與兩岸文學活動的初衷。

三　香港中國文學學會：《詩經》研究

　　夏傳才曾經在訪問中指出香港中國文學學會「積極參與詩經學會的活動，有人提交的論文有水準，幫助收集在香港的研究資料有貢獻」[17]，充分肯定香港中國文學學會在《詩經》研究方面的工作。大致而言，香港中國文學學會的《詩經》研究工作可分為「發表論文」、「組織講座」、「編纂資料」三部分，闡述如下：[18]

15　〈中國詩經學會第一屆特別榮譽獎名單〉，《中國詩經學會會務通訊》第15期（1999年9月），頁9。

16　本書：〈相識五十載──夏傳才訪談記〉，頁1-9。

17　本書：〈相識五十載──夏傳才訪談記〉，頁1-9。

18　另外，香港中國文學學會秘書長馬輝洪提供《魯詩世學》、《詩經衍義集論》、《毛詩古樂音》、《誦詩小品》等善本的影印本六種，收入《詩經要籍集成二編》（北京：

（一）發表論文

　　從「第三屆《詩經》國際學術研討會」至今，香港中國文學學會成員共發表了六篇論文，分別為第三屆李玉梅〈《詩經》夢境所透視的中國文化精神〉、第四屆丁平〈香港大專校院中文系建立《詩經》單元課程爭議〉和李玉梅〈聞一多《詩經》研究與詮釋學〉、第五屆李玉梅〈徐渭解讀興觀群怨〉和鍾潔芝〈香港中學的《詩經》教學〉，以及第七屆馬輝洪〈從宗教、政治到倫理——論孔子對《詩經》天命觀的接受與轉化〉，下面逐一簡述這些論文的主旨。

　　李玉梅的論文〈《詩經》夢境所透視的中國文化精神〉在桂林舉行的「第三屆《詩經》國際學術研討會」（1997年8月4日至9日）上發表，從〈小雅・斯干〉和〈小雅・無羊〉二詩所描述的夢境中，提出「禮者養也」和「男尊女卑」二種蘊含中國傳統文化的價值觀念。[19]

　　丁平的論文〈香港大專校院中文系建立《詩經》單元課程爭議〉和李玉梅的論文〈聞一多《詩經》研究與詮釋學〉在濟南舉行的「第四屆《詩經》國際學術研討會」（1999年8月4至8日）上發表，前者倡議以《詩經》為研習對象，在「大專校院中文系建立一項獨立科目，並成為中研所一項重要研究課題」，又以〈魏風・碩鼠〉為例作為中文系高年級單元科目的教學素材；[20] 而後者以詮釋學的理論，從「詩具普遍性」、「先見而無限」、「『遊戲』之轉化」三個角度審視聞一多《詩經》研究的成果。[21] 大會高度評價李玉梅的論文，並認為她的論

　　學苑出版社，2015年）。

19　李玉梅：〈《詩經》夢境所透視的中國文化精神〉，收入中國詩經學會編《第三屆詩經國際學術研討會論文集》（香港：天馬圖書公司，1998年），頁834-842。

20　丁平：〈香港大專校院中文系建立《詩經》單元課程爭議〉，收入中國詩經學會編《第四屆詩經國際學術研討會論文集》（北京：學苑出版社，2000年），頁128-132。

21　李玉梅：〈聞一多《詩經》研究與詮釋學〉，收入中國詩經學會編《第四屆詩經國際

文「參考國外《詩經》學研究取向，印證中國學者的學術成果，以夢論《詩經》是一個獨特的新視角」，向她頒發「第一屆學術研究成果評獎」之論文獎。[22]

一九九九年八月八日，丁平（站立者）出席中國詩經學會「99 濟南詩經國際學術研討會」閉幕式

　　李玉梅〈徐渭解讀興觀群怨〉和鍾潔芝的論文〈香港中學的《詩經》教學〉在張家界舉行的「第五屆《詩經》國際學術研討會」（2001年8月6至11日）上發表，前者以「承傳意義」和「審美意義」兩個角度重新審視徐渭解讀「興觀群怨」的意義和理解；[23] 而後者從

學術研討會論文集》（北京：學苑出版社，2000年），頁529-546。

22 〈中國詩經學會第一屆學術研究成果評獎獲獎名單〉，《中國詩經學會會務通訊》第15期（1999年9月），頁6。

23 李玉梅：〈徐渭解讀興觀羣怨〉，收入中國詩經學會編：《第五屆詩經國際學術研討會論文集》（北京：學苑出版社，2002年），頁282-293。

香港中學課程、考試和未來發展三方面探討香港的《詩經》教學情
況，論文結語指出《詩經》教學在香港的前景是樂觀的。[24]

　　馬輝洪的論文〈從宗教、政治到倫理──論孔子對《詩經》天命
觀的接受與轉化〉在南充舉行的「第七屆《詩經》國際學術研討會」
（2006年8月4日至7日）發表，以《詩經》為切入點，分別從宗教、
政治、倫理三個角度，釐清孔子天命觀念中的繼承與創新，從而分析
孔子如何接受與轉化《詩經》中的天命觀念。[25]

　　從上述六篇論文，可以大略歸納出兩項特點：一、丁平、鍾潔芝
二人的論文分別從大專、中學的層面，論述香港地區的《詩經》教
學，反映二人重視《詩經》在青年人的培養和推動；二、李玉梅的論
文善用西方二十世紀文學和文化理論的資源，如伽達默爾（Hans-
Georg Gadamer）的詮釋學、姚斯（Hans Robert Jauss）的接受美學、
克羅齊（Benedetto Croce）的美學理論等，重新探討和評價《詩經》
及其研究，進而開拓《詩經》研究的視野。

（二）組織講座

　　一九九八年五月九日，夏傳才應丁平邀請，擔任香港大學專業進
修學院文學創作高級課程文學專題講座的主講嘉賓，[26] 題目為「關於

---

24 香港中國文學學會：〈香港中學的《詩經》教學〉，收入中國詩經學會編：《第五屆
　詩經國際學術研討會論文集》（北京：學苑出版社，2002年），頁644-657。本論文發
　表時署名「香港中國文學學會」，執筆人為鍾潔芝。

25 馬輝洪：〈從宗教、政治到倫理──論孔子對《詩經》天命觀的接受與轉化〉，收入
　《詩經研究叢刊》第14輯（2008年），頁18-37。

26 夏傳才這次訪港後，發表了〈香港絕句〉七首，其中有一首寫給丁平，詩題為〈致
　丁平〉：「白髮如霜情意長，丁平老友熱心腸。君詩讀後如酒醉，萬里猶聞紫荊香。」
　見夏傳才：〈香港絕句〉之〈致丁平〉，《中國詩經學會會務通訊》第12期（1998年9
　月），頁8。

新詩和舊詩的創作問題」，[27] 內容分為 「『新詩』和『舊詩』」、「繼承和革新」、「新詩的成績和現在面臨的問題」、「舊體詩詞的復甦和面臨的困難」、「簡短的結語」五部分。[28] 夏傳才在講座中首先回顧中國以文字書寫的詩歌傳統，並精闢地指出「用現代漢語寫作、打破過去一切句式韻律限制的自由詩，與用古時通用的語言寫作的、有嚴格格律的傳統格律詩，其區別只是藝術形式（結構和語言）不同，是詩體問題。」所以，他認為用「新體詩」和「舊體詩」來區分這兩類詩體更符合科學精神。[29] 夏傳才特別指出二十世紀關於新體詩和舊體詩的爭論，主要分為兩個階段，其一為「五四」運動新文學運動期間完全排斥舊體詩，其二為二十世紀八十年代起許多新體詩晦澀難懂，而舊體詩作者大為興盛，對新體詩多所不滿。夏傳才認為「新體詩、舊體詩只是體裁不同，詩的新舊之分不在體裁而在內容，詩之優劣也在於內容和藝術。我認為選用何種體裁是詩人的自由，我們主張詩創作的題材、體裁、藝術風格的多樣化，百花齊放，自由競爭。」[30] 夏傳才擲地有聲的見解，無疑為纏擾了一個世紀的新舊體詩論爭劃上圓滿的句號。

---

27 夏傳才：〈夏傳才赴港講學〉，《中國詩經學會會務通訊》第11期（1998年6月），頁5。另，夏傳才有一首七絕紀念這次講學：「講題縱使不迎時，情意相融若舊知。漫道新潮拜金地，炎黃兒女全愛詩。」見夏傳才：〈香港絕句〉之〈香港大學市區中心講演〉，《中國詩經學會會務通訊》第12期（1998年9月），頁8。

28 演講在香港大學專業進修學院市區中心舉行，發言稿見夏傳才：〈關於新詩和舊詩的創作問題〉，《河北學刊》第22卷第1期（2002年1月），頁90-96。

29 夏傳才：〈關於新詩和舊詩的創作問題〉，頁90-96。

30 本書：〈相識五十載——夏傳才訪談記〉，頁1-9。

夏傳才（中）演講後與丁平（左）及學生何江顯（右）留影。

　　二〇〇〇年十二月二十三日，夏傳才應香港中國文學學會邀請作了演講，題目為「《詩經》的再評價」。[31] 二〇〇〇年是跨進新世紀的一年，正是回顧過去，展望將來的最好時機。夏傳才在短短兩小時的講座中從四方面談到《詩經》再評價的問題：一、《詩經》是一部什

---

31 二〇〇〇年，夏傳才應邀到漢城出席國際詩經大會，在大會上以「《詩經》的再評
　　價」為題發言，同年應香港大學和香港中國文學學會邀請作了同題演講。見夏傳
　　才：〈後記〉，收入夏著：《二十世紀詩經學》（北京：學苑出版社，2005年），頁
　　393。另，發言稿見夏傳才：〈關於《詩經》再評價的幾個問題〉，《社會科學戰線》
　　2001年第2期，頁101-108。

麼書？二、為什麼要研究《詩經》？三、《詩經》藝術經驗還值得借
鑒嗎？四、《詩經》研究的題目做完了嗎？夏傳才一方面總結前人對
這些問題的看法，另一方面提出他獨到的見解。要言之，夏傳才認為
「《詩經》是中國古代由口頭文學轉化為書寫文學的第一部詩歌集」，
提供了從社會學、歷史學、語言學等各種角度探討的原始素材，無論
是藝術方法、技巧，或者是創作精神，都值得當代詩人借鑒，而且有
待我們開展多元的、全方位的、多層面的研究。[32] 夏傳才為香港中國
文學學會主持的兩次講座，博古通今，深入淺出，與會者深受啟發，
獲益良多。

（三）編纂資料

　　二〇〇九年十一月二十九日至十二月一日，夏傳才以中國屈原學
會顧問的身分，到深圳參加「楚辭學國際學術討論會暨中國屈原學會
第十三屆年會」，香港中國文學學會多位代表前往深圳拜訪。會面期
間，夏傳才談到收錄中國內地詩經研究成果的《二十世紀詩經研究文
獻目錄》（寇淑慧編）已出版多時，[33] 提出編纂香港地區的詩經研究
文獻目錄的構思。由於香港出版物在香港以外地區流通不廣，一般目
錄索引著錄不多，以致香港地區《詩經》的研究成果難於收集，因此
夏傳才委託香港中國文學學會秘書長馬輝洪執行此事。經過大半年的
努力，馬輝洪在「第九屆詩經國際學術研討會」（2010年8月1日至4
日）向夏傳才提交了〈香港地區《詩經》研究目錄索引（1950-
2009）〉，其後收入《詩經研究叢刊》第二十一輯。[34]〈香港地區《詩

---

32 夏傳才：〈後記〉，收入夏著：《二十世紀詩經學》，頁393。夏傳才：〈關於《詩經》
　　再評價的幾個問題〉，《社會科學戰線》2001年第2期，頁101-108。
33 寇淑慧編：《二十世紀詩經研究文獻目錄》（北京：學苑出版社，2001年）
34 馬輝洪：〈香港地區《詩經》研究目錄索引（1950-2009）〉，收入《詩經研究叢刊》
　　第21輯（2011年），頁380-416。

經》研究目錄索引（1950-2009）〉不僅收錄在香港地區出版或發表的《詩經》研究成果，還收錄普及著作，藉此反映《詩經》在香港地區的研究及傳播情況；至於文獻類型方面，分為譯注本、專著、博碩士論文、期刊論文四類。[35] 無獨有偶，臺灣學者林慶彰在《人文中國學報》（2010年9月號）發表了〈香港近五十年《詩經》研究述要〉，[36] 其後又擴展為〈香港近六十年《詩經》研究文獻目錄——附：澳門研究《詩經》篇目〉，在《中國文哲研究通訊》（2010年12月號）發表。[37]這些學術著述反映了香港地區的《詩經》研究成果不僅受到中國內地學界的關注，也同樣受到臺灣學者的青睞。

　　二〇一二年十月，中國詩經學會出版了《中國香港、臺灣地區詩經研究文獻目錄（1950-2010）》一書，[38] 香港部分由馬輝洪把〈香港地區《詩經》研究目錄索引（1950-2009）〉的條目補充至二〇一〇年，臺灣部分由《二十世紀詩經研究文獻目錄》主編寇淑慧負責。由於兩位編者先後獨立編訂香港和臺灣地區的文獻目錄，導致編輯體例上的差異，引起學界對此書的迴響。臺灣學者郭明芳認為此書既有「項目著錄詳細」、「互著別裁之例」、「了解《詩經》研究」的特色，亦有「檢索系統」、「體例不一」、「時間斷限」、「失收條目」的不足。總的來說，他認為：「本編作為臺、港《詩經》研究目錄，固然仍有許多不盡完備之處，但他仍足以反映臺、港地區《詩經》研究情況與

---

35 期刊論文部分參考鄺健行、吳淑鈿編：《香港中國古典文學研究論文目錄（1950-2000）》（上海：上海古籍出版社，2005年），〈詩經篇〉，並予以增訂。

36 林慶彰：〈香港近五十年《詩經》研究述要〉，《人文中國學報》第16期（2010年9月），頁383-430。

37 林慶彰：〈香港近六十年《詩經》研究文獻目錄——附：澳門研究《詩經》篇目〉，《中國文哲研究通訊》第20卷第4期（2010年12月），頁167-192。

38 馬輝洪、寇淑慧編著：《中國香港、臺灣地區詩經研究文獻目錄（1950-2010）》（北京：學苑出版社，2010年）。

使用者在檢索上的便利。」[39] 臺灣學者何淑蘋對《中國香港、臺灣地區詩經研究文獻目錄（1950-2010）》的批評與郭明芳大略相同，但亦指出「本書最大價值當在促進兩岸資訊流通」，並「考量推廣流傳的便利性、讀者對售價的接受度與參考需求等因素，則本書作為專經目錄，化繁為簡，帙短價廉，便於購置案頭，隨手翻查，其實用價值確足肯定。」[40] 雖然兩位學者皆認為《中國香港、臺灣地區詩經研究文獻目錄（1950-2010）》有其不足之處，但也同時肯定此書對臺、港地區《詩經》研究的價值和貢獻。

四　結語

從一九五〇年到二〇一〇年的六十年間，香港地區出版了三十一部《詩經》譯注本和二十九部《詩經》學術專著，還有三十一篇《詩經》博碩士論文、二百一十篇《詩經》期刊論文，[41] 學術著述不少，有待全面回顧，深入探討，以及總結成果。本文以「香港中國文學學會」為考察中心，指出夏傳才與丁平及香港中國文學學會的關係，並從發表論文、組織講座、編纂文獻三方面闡述香港中國文學學會的《詩經》研究成果，旨在為將來全面探討夏傳才與香港地區《詩經》研究的關係提供一磚一瓦，填補空白之用。

---

39 郭明芳：〈彰顯臺港《詩經》研究，填補《詩經》目錄一隅——馬輝〔宏〕（洪）、寇淑慧著：《中國香港、臺灣地區詩經研究文獻目錄（1950-2010）》〉，《東海大學圖書館館訊》第154期（2014年7月），頁64-69。

40 何淑蘋：〈民國以來海峽兩岸《詩經》工具書編纂之回顧與展望〉，《古典文獻與民俗藝術集刊》第2期（2013年10月），頁137-162。

41 馬輝洪：〈中國香港地區詩經研究文獻目錄（1950-2010）〉，收入馬輝洪、寇淑慧編著：《中國香港、臺灣地區詩經研究文獻目錄（1950-2010）》，頁1-24。

——本文曾於二〇一六年十月二十八日至二十九日在廣西舉行的
「中國詩經學會第十二屆年會暨國際學術研討會」上發表；
另刊於《詩經研究叢刊》第29輯（2018年），頁311-323。

附錄二
被遺忘的歷史
——談覃子豪與《華僑文藝》

一　緒言

　　一九六三年三月三十一日，臺灣著名詩人覃子豪（1912-1963）因膽道癌住進臺大醫院一〇四號病房接受治療，開始了一百九十二天為生命搏鬥的日子。在眾多前來探望的文友中，詩人辛鬱（1933-2015）幾乎每天到醫院探望他，與他談文論藝，陪伴他打發在病發痛苦中片刻喘息的時光。辛鬱曾經在一篇懷念覃子豪的文章中，記下了他們二人在病榻前閒聊的片段：在覃子豪逝世前幾天，辛鬱獨自守在病床旁，正出神地讀著從香港寄來的《華僑文藝》。這時候，覃子豪剛從睡夢中醒轉過來，側著面看了辛鬱很久，然後囑辛鬱倒水給他，喝後用低啞的聲音問辛鬱：「你看得這樣出神，一定是一首好詩吧？」辛鬱點點頭。覃子豪沒有再問這首詩的作者、內容等細節，只說：「我羨慕你。」[1] 如此簡潔、含蓄的片段，仿如詩句，二人之間的了解和默契盡在不言中。覃子豪逝世前這個片段一直沒有受到太多注意，其中最易忽略但又最值得留意之處是：辛鬱為什麼在文章中提到香港出版的《華僑文藝》？這份文學雜誌與覃子豪又有什麼關係？

1　見辛鬱：〈一個詩人之死——懷念覃子豪先生〉，《葡萄園》第21、22期（1967年10月），頁2-5；另收入彩羽、大荒編：《現代詩人散文選》（臺中：藍燈出版社，1972年），頁87-93；又收入陳義芝編選：《覃子豪》（臺南：臺灣文學館，2011年），頁153-157。

本文藉著回顧覃子豪在《華僑文藝》發表的作品，嘗試重訪一段漸漸被人遺忘的歷史。

陳義芝編《覃子豪》封面書影

二　《華僑文藝》：覃子豪作品

　　一九六二年六月創刊的《華僑文藝》是香港純文藝刊物，由韋陀（本名黃國仁）擔任社長，丁平（本名甯靖，1922-1999）任執行編輯，出版了第十二期（1963年5月）後改名《文藝》，再出版了十四期至一九六五年一月後停刊，合共出版了二十六期。雖然《華僑文藝》設有編委會，但雜誌的編輯和出版工作主要由丁平與韋陀承擔，他們的分工大致為前者負責約稿聯絡的編務工作，後者負責排版校稿等出版工作，直至停刊為止。[2]

　　從創刊號開始，覃子豪已經在《華僑文藝》發表文章，直至一九六三年十月他逝世為止，期間共刊登了四首詩、一篇散文、一篇評論，以及一封書簡。覃子豪在《華僑文藝》發表了多篇作品，主要的原因是他與丁平有深厚的交情，二人在抗戰時期已經認識，[3]後來雖然身處臺港兩地，仍時有書信往還，互通消息。覃子豪在《華僑文藝》發表的首篇作品，是刊登在創刊號（1962年6月）的短詩〈髮〉。[4]丁平在創刊號「讀者・作者・編者」裡介紹覃子豪時，形容他是「中國現代詩壇的主將，詩理論的權威」，而且：

> 覃（子豪）教授早在抗戰時期，已經是中國詩壇的一位健將，二十多年來，一直在艱苦地領導著中國新詩的發展。近十多年間，著作更豐，除創作有詩集《向日葵》、《畫廊》，和譯著《法蘭西詩選》二集外，他的《論現代詩》和《詩的解剖》兩

2　見本書〈韋陀、丁平與《華僑文藝》——古兆申訪談記〉，頁87-97；另見本書〈文學理想的追尋——盧文敏訪談記〉，頁51-64。

3　見本書：〈文學的播種者——向明訪談記〉，頁65-72。

4　見覃子豪：〈髮〉，《華僑文藝》第1卷第1期（1962年6月），頁24。

鉅著在最近面世，對目前中國混亂的詩壇，的確已指出了現代
詩存在著若干流弊，和我們應走的道路。[5]

由這段文字可見，丁平十分熟悉覃子豪的生平和寫作歷程，並且肯定
他在文壇的地位，自抗戰後二十多年來一直「領導著中國新詩的發
展」。值得留意的是，覃子豪逝世後出版的《覃子豪全集 I》及彭邦楨
編選的《覃子豪詩選》均收錄〈髮〉，[6] 同樣註明該詩的出處為《華
僑文藝》，換句話說，這首詩極可能從未在臺灣刊物上發表過。[7]

其後，覃子豪連續在第三期和第四期《華僑文藝》發表了長文
〈中國新詩的方向〉。[8] 這篇論文是覃子豪從事詩歌創作和理論探索
三十年來的總結，其重要性自不待言。他選擇在《華僑文藝》發表這
篇重要論文，可見他相當重視這個文藝園地。論文發表三個月後，覃
子豪在《中華日報》副刊發表〈現代詩方向的檢討〉一文時提及〈中
國新詩的方向〉這篇論文，並表示：

至於中國現代詩的方向問題的討論，除了拙作〈新詩向何處
去？〉一文的六個原則，我還寫了〈中國新詩的方向〉一文，
發表於香港的《華僑文藝》。這篇文章約一萬五千字，分三部
分。即一、新詩方向之史的考察。二、自由中國詩壇之透視。

5　見〈讀者・作者・編者〉，《華僑文藝》第1卷第1期（1962年6月），頁39。

6　見覃子豪：〈髮〉，《覃子豪全集I》（臺北：覃子豪全集出版委員會，1965年），頁
　　426；另收入彭邦楨選：《覃子豪詩選》（香港：文藝風出版社，1987年），頁204-
　　205。兩者都註明該詩刊於「華僑文藝第1卷第1期」。

7　至於《華僑文藝》是否唯一發表〈髮〉的園地，有待進一步考證。

8　見覃子豪：〈中國新詩的方向（上）〉，《華僑文藝》第1卷第3期（1962年8月），頁91-
　　93；以及覃子豪：〈中國新詩的方向（下）〉，《華僑文藝》第1卷第4期（1962年9
　　月），頁138-142。

三、新秩序之建立。這一部分關於現代詩之諸問題，曾作詳細
而深入的檢討與探求。如：關於傳統問題，關於反理性問題，
關於表現手法等問題，均有所討論。這是本著〈新詩向何處
去？〉所提的原則一貫的發展。[9]

覃子豪在〈中國新詩的方向〉一文中回顧了五四以來胡適、俞平伯、
周作人、聞一多、穆木天、王獨清、李金髮等人對新詩的論述，以及
評價了現代主義中立體主義和超現實主義的得失，並從反對傳統與繼
承傳統、文學理性與反理性、表現手法的標新與融合、現代化的語言
與精神，提出為中國新詩建立新秩序。據丁平引述覃子豪在給他的書
信中所言，「這是他（覃子豪）對中國新詩今後方向的具體意見。」丁
平高度評價這篇文章，認為覃子豪「從新詩史的發展，指出今後的方
向」，該文「無疑地是他的詩理論的中心，也是現代每一個詩人的座
右銘」。[10]《覃子豪全集 II》收入〈中國新詩的方向〉時亦註明該文刊
於「《華僑文藝》一卷三、四期」，可見《華僑文藝》很可能是唯一發
表這篇重要論文的刊物，覃子豪對《華僑文藝》的重視不言而喻。[11]
　　一九六三年二月，《華僑文藝》刊登了覃子豪第二首詩〈塔阿爾
湖〉，[12] 剛巧在他入院治療癌疾前一個月發表。《覃子豪全集 I》把
〈塔阿爾湖〉與另外四首詩〈Tipiniu 之晨〉、〈致薇金妮亞〉、〈碧
瑤〉、〈麥堅利堡〉一併歸入「菲律賓詩抄」總題之下。[13] 彭邦楨編

9　覃子豪：〈現代詩方向的檢討〉刊於《中華日報》副刊（1962年11月11日至12日），
　　後收入《覃子豪全集II》（臺北：覃子豪全集出版委員會，1968年），頁523-526。
10　見〈讀者‧作者‧編者〉，《華僑文藝》第1卷第3期（1962年8月），頁127。
11　見覃子豪：〈中國新詩的方向〉，收入《覃子豪全集II》（臺北：覃子豪全集出版委員
　　會，1968年），頁508-522。
12　見覃子豪：〈塔阿爾湖〉，《華僑文藝》第2卷第3期（1963年2月），頁135。
13　見《覃子豪全集I》（臺北：覃子豪全集出版委員會，1965年），頁418-425。

《覃子豪詩選》時也收錄這五首關於菲律賓的詩作，編排方法與《覃子豪全集 I》相同。[14] 五個月後，丁平首次在《華僑文藝》披露覃子豪患病的消息：

> 覃先生除主編《藍星》詩刊外，和「藍星詩叢」，詩作產量甚豐，經常刊於海內外各文藝刊物。也許是他太辛勞了，三月杪就臥病臺大醫院，患的是肝炎病，他在五月底給丁平的信（在病牀上口述由辛鬱筆錄的）中說：「……我是上月底因自己不慎感染肝炎住入臺大醫院的，算來已近一個月，現今病勢正減輕中，望勿為此懸慮！你來信說要我寫點東西，這次恕不能遵命了，但我切望病好後能為貴刊多寫一點……」[15]

覃子豪入院初期，以為只是患了肝炎，所以丁平才有他「患的是肝炎病」的說法。後來，覃子豪確診患上膽道癌，群醫束手無策，病況漸趨嚴重。從覃子豪給丁平的信可知，他在臺大醫院接受治療期間，仍掛念著為《華僑文藝》寫稿之約。其後，丁平在一九六三年八月號的《華僑文藝》刊出了〈馬尼拉灣的黃昏〉，這是覃子豪唯一一篇在《華僑文藝》發表的散文，全長二千餘字。[16] 一九六二年四月二十四日至五月三十日，覃子豪應臺灣行政院僑務委員會的聘請，與王怡之、王藍、李雄、梁又銘、崔少萍六人前赴菲律賓主持由菲華文藝工作者聯合會等主辦的「菲華青年文藝講習班」。[17] 覃子豪在留菲期間

---

14 見彭邦楨選：《覃子豪詩選》（香港：文藝風出版社，1987年），頁194-203。

15 見〈作家動態〉，《文藝》第1期（1963年7月），頁45。

16 見覃子豪：〈馬尼拉灣的黃昏〉，《文藝》第2期（1963年8月），頁67-68；另見《覃子豪全集III》（臺北：覃子豪全集出版委員會，1974年），頁345-347。

17 詳情參見谷靜：〈菲律賓華僑文藝青年大集合——菲華青年文藝講習班側記〉，《華僑文藝》第1卷3期（1962年8月），頁103-106。而覃子豪講學的內容詳見覃著〈我在

遊覽馬尼拉灣,〈馬尼拉灣的黃昏〉描述了由黎剎廣場一直延綿至杜威大道在黃昏映襯下的美景。

一九六三年九月,覃子豪生前在《華僑文藝》最後一篇發表的作品是新詩〈麥堅利堡〉,[18] 在該期的「讀者‧作者‧編者」裡,丁平再次提到覃子豪患病的情況:

> 覃子豪對新詩運動的努力,是有目共睹的事實;而在目前詩壇上,他更是一個理論與實踐同時顧及的詩人。不幸得很,這一位數十年如一日視詩創作比生命更重要的詩人卻患病至今,迄未痊癒。最近辛鬱把他的這一首舊作〈麥堅利堡〉寄給我們,使我們真的如獲至寶。本刊創刊以來,得到他不少精神上的鼓勵與支持,我們謹在此敬致祝禱他早日恢復健康之意。[19]

覃子豪以菲律賓「麥堅利堡」（Fort McKinley）莊嚴的美軍公墓作為死亡的象徵,藉此讚頌軍人堅毅不屈,至死不撓的高尚情操。[20]〈麥堅利堡〉是覃子豪典型的象徵主義作品,收入他多種選集之中,[21] 是他其中一首備受重視的詩作。值得注意的一點是《覃子豪全集》及其他選集所收錄的〈麥堅利堡〉,都以一九六二年六月《皇冠月刊》的版本為底稿,與《華僑文藝》發表的定稿文字略有不同。

馬尼拉如何講授現代詩〉,《覃子豪全集II》（臺北:覃子豪全集出版委員會,1968年）,頁640-644。

18 見覃子豪:〈麥堅利堡〉,《文藝》第3期（1963年9月）,頁108。

19 見〈讀者‧作者‧編者〉,《文藝》第3期（1963年9月）,缺頁碼。

20 〈麥堅利堡〉的分析詳見馬輝洪:〈覃子豪《麥堅利堡》及其評論〉,《聲韻詩刊》第24期（2015年6月）,頁86-89。

21 如《覃子豪全集I》（臺北:覃子豪全集出版委員會,1965年）,頁422-423;彭邦楨選:《覃子豪詩選》（香港:文藝風出版社,1987年）,頁199-200;向明、劉正偉編:《新詩的播種者──覃子豪詩選》（臺北:爾雅出版社,2005年）,頁158-160;劉正偉:《覃子豪集》（臺南:臺灣文學館,2008年）,頁108-109。

三 《華僑文藝》：覃子豪逝世專輯

一九六三年十月十日，覃子豪不敵癌症，在臺大醫院病逝。覃子豪治喪委員會於十月十五日舉行公祭，以及「追思詩人覃子豪先生遺作朗誦」，臺灣的《中央日報》、《自立晚報》、《亞洲文學》、《文壇》、《文星》、《幼獅文藝》、《秋水詩刊》、《創作》、《海洋生活》、《創世紀》、《葡萄園》先後發表了悼念覃子豪的文章，其中以《創世紀》「詩人覃子豪追念特輯」規模最大，共發表二十篇詩文。[22]

香港方面，《文藝》第五期（1963年11月）率先發表丁平〈我的宣告──痛悼吾友詩人覃子豪先生〉（散文，頁212-213）、墨人〈悼詩人覃子豪〉（散文，頁213）和鍾鼎文〈落葉──悼詩人覃子豪〉（詩，頁225）三篇紀念詩人覃子豪的悼文。[23] 其後，在第六期（1964年1月）推出大型的「詩人覃子豪紀念特輯」，二十篇紀念文章大致可分為四類：一、覃子豪作品：〈雲屋〉（詩，頁260）、〈塔阿爾湖〉（手稿，頁277）、覃子豪〈儘力支援〉（書簡，頁282）共三篇；二、臺灣作家作品：彭邦楨〈火葬──悼詩人覃子豪瑣記之二〉（散文，頁261-262）、紀弦〈不開的花──致老友覃子豪之靈〉（詩，頁262）、西蒙〈遙寄覃〉（詩，頁261）、亞薇〈隱沒於畫廊裡──追懷與子豪兄在一起的時日〉（散文，頁271-273）、辛鬱〈焚城之秋──追念覃子豪先生〉（詩，頁273）、商禽〈公教內七二九──三──悼詩人覃子豪〉（詩，頁273）、古渡〈從一〇四病房到七二九病房──

---

22 臺灣各報刊悼念覃子豪的文章篇目可詳參陳義芝編：《覃子豪》（臺南：臺灣文學館，2011年）一書。

23 墨人：〈悼詩人覃子豪〉首先在《中央日報》（1963年10月15日，版9）發表，後收入墨人：《浮生集》（臺南：聞道出版社，1972年），頁55-57。鍾鼎文〈落葉──悼詩人覃子豪〉首先在《中央日報》（1963年10月15日，版9）發表，後收入《創世紀》第19期（1964年1月），頁19。

故詩人覃子豪先生病中記事〉（散文，頁275-276）、亞汀〈種星的人──寫在子豪兄的靈前〉（詩，頁277）、楚戈〈彌留之夜──悼詩人覃子豪先生〉（散文，頁288）、梅新〈瓶是存在的──悼詩人覃子豪〉（詩，頁293）、葉泥〈接上這一棒──關於《藍星季刊》〉（散文，頁294-295）、洛夫〈從《金色面具》到《瓶之存在》──論覃子豪詩之一〉（評論，頁298-301）共十二篇；[24] 三、香港作家作品：盧文敏〈日有所思〉（詩，頁295）、方盧荻〈日落──悼我們敬仰的詩人覃子豪先生之一〉（詩，頁301）、張牧〈日落──悼我們敬仰的詩人覃子豪先生之二〉（詩，頁301）共三篇；四、其他作家作品：海藍〈廊外──悼覃子豪〉（詩，頁293）和秦松〈藍星的垂落──悼詩人覃子豪〉（詩，頁295）二篇。丁平在其後兩期《文藝》繼續刊發五篇紀念覃子豪的文章，即第七期（1964年2月）辛鬱〈景象──臺大醫院七二九病房所見〉（詩，頁15）和商禽〈失題──追念詩人覃子豪〉（詩，頁34）二首作品，以及第八期（1964年3月）魏子雲〈送葬──追悼覃子豪、王爵、王平陵、方守謙四位友人〉（散文，頁18-19）、麥代〈覃子豪的詩〉（書簡，頁33）和林方〈域外──追悼吾師

---

24 彭邦楨：〈巨星的殞落──悼詩人覃子豪瑣記之一〉首先在《文壇》第41期（1963年11月，頁11-15）發表，後收入彭著：《虛空與自我》（臺北：星光書報社，1978年），頁125-131，又收入彭著：《彭邦楨文集（卷四）》（武漢：長江文藝出版社，1993年），頁115-122。彭邦楨：〈火葬──悼詩人覃子豪瑣記之二〉似未曾在臺灣雜誌發表，後收入彭著：《虛空與自我》（臺北：星光書報社，1978年），頁133-142，又收入彭著《彭邦楨文集（卷四）》（武漢：長江文藝出版社，1993年），頁123-129。楚戈：〈彌留之夜──悼詩人覃子豪先生〉同時發表在《創世紀》第19期（1964年1月），頁7-8。洛夫：〈從《金色面具》到《瓶之存在》──論覃子豪詩之一〉其後以〈從《金色面具》到《瓶之存在》──論覃子豪詩〉發表在《新文藝》第152期（1968年11月），頁116-124；後收入洛夫：《詩人之鏡》（高雄：大業書店，1969年），頁17-30；另收入洛夫《中國現代作家論》（臺北：聯經出版公司，1979年），頁37-49；後改篇名為〈論覃子豪詩〉收入《覃子豪紀念館落成專輯》（廣漢：廣漢市文史資料研究委員會，1988年），頁131-141。

覃子豪〉（詩，頁47）三篇作品。[25]《文藝》不僅連續四期發表悼念覃子豪的文章，而且是香港僅見刊發覃子豪逝世專輯的文學雜誌。香港著名作家許定銘認為：

> 《文藝》第六期（1964年1月）的「詩人覃子豪紀念特輯」編得十分好，我讀後很感動，印象亦很深刻。我相信丁老師辦這個大型專輯，固然因為他是覃子豪的老朋友，而且這個專輯的作者大部分是覃子豪的學生或朋友，在一呼百應之下，丁老師很快就可以編好了。其實，這個紀念特輯亦有助提升《文藝》的地位。[26]

從《文藝》悼念專輯規模之大、作家之多，足以證明丁平與覃子豪的交情匪淺。[27]

《文藝》在「詩人覃子豪紀念特輯」中刊登了覃子豪在《華僑文藝》發表的最後詩作〈雲屋〉，[28] 以及他寫給丁平的書簡。[29] 〈雲屋〉是一首節奏輕快，意象豐富的抒情詩，而書簡寫於一九六二年十二月十七日，是他生前給丁平的最後一封親筆信。此信從未收入覃子

25 魏子雲：〈送葬──追悼覃子豪、王爵、王平陵、方守謙四位友人〉另以〈哀悼四位友人：覃子豪、王爵、王平陵、方宇謙〉為題發表在《聯合報》（1964年3月22日），版3。

26 見本書：〈文學路上的良師──許定銘訪談記〉，頁99-110。許定銘是丁平的學生。

27 一九六四年一月，臺灣著名作家王平陵逝世，《文藝》第8期（1964年3月）也籌辦悼念專輯，但規模相對較小。

28 見覃子豪：〈雲屋〉，《文藝》第6期（1964年1月），頁260。另收入《覃子豪全集I》（臺北：覃子豪全集出版委員會，1965年），頁432-433；彭邦楨選：《覃子豪詩選》（香港：文藝風出版社，1987年），頁208-209；劉正偉：《覃子豪集》（臺南：臺灣文學館，2008年），頁110-112。

29 見覃子豪：〈儘力支援〉，《文藝》第6期（1964年1月），頁282。

豪的文集，[30] 彌足珍貴，特照錄全文如下：

丁平兄：

本月八日手書奉悉，當即補上《畫廊》十冊，《論現代詩》及《詩的解剖》各五冊，《藍星》季刊一二三各期三冊，另寄拙作《向日葵》七冊（其中兩冊係贈兄及國仁兄者。定價港幣一元）又寄《藍星詩選》一二輯各三本（每冊定價港幣八角），希兄一併列入廣告欄中。

寄上拙作〈塔阿爾湖〉詩一首，此詩較為滿意，初稿於六月中發表，發表後又幾經修正，今寄上者為定稿。本擬趕寫新作兩篇，實因太忙，而我的態度十分苛刻。新作只好日後奉上，或能趕上二月份。如〈塔阿爾湖〉發表，盼能給予一整頁的篇幅。

兄等為文藝運動之苦鬥精神，極為感佩！我必儘力為兄等之支援。匆祝
編安
　　國仁兄希代問好

子豪頓
十二月十七日

---

30 《覃子豪全集III》的「書信」部分沒有收錄此信。

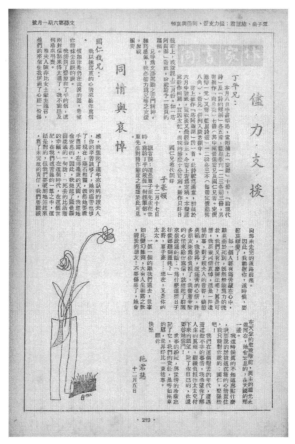

覃子豪〈儘力支援〉

這封書簡透露了覃、丁二人的幾點訊息：一、覃子豪與丁平時有書信往來，而且認識社長韋陀（黃國仁）；二、覃子豪委託丁平在《華僑文藝》發售藍星書刊；三、覃子豪直接寄詩作〈塔阿爾湖〉給丁平在《華僑文藝》發表；四、覃子豪對作品的要求甚高，〈塔阿爾湖〉發表後仍數易其稿，可見他一絲不苟的創作態度，因此丁平在這封書信後的按語中不禁表示：「覃先生對詩作態度之嚴謹於此可見。」[31]

31 見覃子豪：〈儘力支援〉，《文藝》第6期（1964年1月），頁282。

四　餘話

　　雖然覃子豪早於一九五〇年代末已經在香港發表作品，[32] 但《華僑文藝》始終是他相當重視的發表園地，共刊登了四首詩、一篇散文、一篇評論，以及一封書簡。其中，詩作〈髮〉和論文〈中國新詩的方向〉極可能首刊於《華僑文藝》，而〈麥堅利堡〉的定稿及他寫給丁平的書簡，均未見於《覃子豪全集》及其他文集。至於《華僑文藝》刊發的覃子豪逝世專輯，發表了多篇很有參考價值的文章，是覃子豪研究不可忽略的文獻。[33]

　　——本文討論稿曾於二〇一五年十一月十日在臺北舉行的「兩岸詩歌論壇」上宣讀。

---

32 覃子豪早於一九五八年開始在《中國學生周報》發表作品，見Jean Marés作、覃子豪譯〈有人投擲百合〉，《中國學生周報》第327期（1958年10月），版10。其後，覃子豪繼續在《中國學生周報》上發表作品，直至第524期（1962年8月）為止，共發表了九篇作品。

33 辛鬱表示《華僑文藝》沒有在臺灣公開發行，因此「臺灣作家不能夠接觸到這份刊物，知道這個紀念專輯的人不多。」見本書〈覃子豪、丁平與《華僑文藝》——辛鬱訪談記〉，頁11-21。

附錄三
一九六○年代港臺文學交流的場域
——以《華僑文藝》為考察中心

一　引言

　　港臺文學的互動和交流，從一九四九年國民政府遷往臺灣開始，[1]
到一九五○、六○年代變得頻繁。劉以鬯曾經指出，香港和臺灣文學
上的聯繫，主要有三方面：文學思潮的互為影響、作品的發表與出
版，以及作家的接觸交流。[2]　其中，以一九五○、六○年代現代主義
思潮的互動和影響，最受評論界關注。[3]　香港現代主義文學的發展，
一般追溯至《詩朵》（1955，崑南、葉維廉、王無邪創辦）及《文藝
新潮》（1956-1959，馬博良創辦）這兩份雜誌，其後經過《新思潮》
（1959-1960，崑南、王無邪和盧因合編）、《香港時報·淺水灣》
（1960-1961，劉以鬯主編）、《好望角》（1963，李英豪、崑南合編）
等報刊的推動和發展，成為香港一九五○、六○年代一股主要的文學
思潮。[4]　然而，評論界一直較少注意一九六二年六月創刊的《華僑文

1　見鄭樹森：《從諾貝爾到張愛玲》（臺北：印刻出版公司，2007年），頁175。

2　見劉以鬯：〈三十年來香港與台灣在文學上的相互聯繫〉，收入劉著：《暢談香港文
　　學》（香港：獲益出版事業公司，2002年），頁78-96。

3　黃國彬表示「在五、六十年代的現代浪潮中，香港和臺灣的詩人是互相影響、互相
　　衝擊的。」見黃國彬：〈香港的新詩〉，收入黃著：《文學的欣賞》（臺北：遠東圖書
　　公司，1986年），頁223-269。另外，劉以鬯亦指出一九五○年代中葉以來的臺港現
　　代文學「互有影響」，詳見上註。

4　例如陳國球：〈情迷中國——香港五、六十年代現代主義文學的運動面向〉，收入陳

藝》，尤其是該刊在港臺文學交流所發揮的作用。因此，本文以《華僑文藝》為考察對象，首先簡述這份刊物的出版及流通情況，然後對《華僑文藝》的作者及作品進行統計歸納，並指出《華僑文藝》與臺灣作家以至藍星詩人的關係，藉此說明《華僑文藝》在一九六〇年代港臺文學交流中所扮演的角色。

《華僑文藝》第 1 卷第 2 期（1962 年 7 月）封面書影

著：《香港的抒情史》（香港：香港中文大學出版社，2016年），頁261-310；鄭蕾：《香港現代主義文學與思潮》（香港：中華書局香港公司，2016年）。

二 《華僑文藝》的出版與流通

一九六二年六月創刊的《華僑文藝》是香港的純文藝月刊,由黃國仁(筆名韋陀)擔任社長,丁平(原名甯靖,1922-1999)任執行編輯。一九六三年五月,《華僑文藝》出版至第二卷第六期,因南洋一帶出現排華潮,被逼改名為《文藝》,藉此避人耳目,繼續發行當地。據丁平透露:

> 〔《華僑文藝》〕每期印三千本,南洋方面銷去二千本,是主要的出路。一九六三年,南洋很多地方排華,認為《華僑文藝》有煽動華僑之嫌,故此,最後一期《華僑文藝》全部不准入口,退了回來。我們不能不被迫改名了。[5]

《華僑文藝》改稱《文藝》後,最初仍以月刊形式由第一期(1963年7月)出版至第九期(1964年4月),[6] 由第十期(1964年6月)開始改為雙月刊,[7] 出版至第十四期(1965年1月)為止。[8] 總的來說,由《華僑文藝》到《文藝》維持了兩年八個月,合共出版了二十六期,前者十四期,後者十二期。[9] 由始至終,《華僑文藝》都以十六開印行,頁數維持在四十頁至五十二頁之間,每冊定價港幣一元。

---

5 轉引自許定銘:〈從《華僑文藝》到《文藝》〉,《香港文學》第13期(1986年1月),頁67-69。

6 《文藝》第5期(1963年11月)與第6期(1964年1月)相隔兩個月才出版。

7 其中,第11期(1964年7月)以月刊形式出版。

8 據目前的資料所見,《文藝》只出版至第14期。在鄭樹森、黃繼持、盧瑋鑾編《香港新文學年表(一九五〇―一九六九年)》中註明《文藝》出版「至一九六五年一月停刊」。見鄭樹森、黃繼持、盧瑋鑾編:《香港新文學年表(一九五〇―一九六九年)》(香港:天地圖書公司,2000年),頁216。

9 如無特別註明,《華僑文藝》在本文概指早期的《華僑文藝》及後期的《文藝》。

《華僑文藝》除了發表新詩、散文、小說、文藝評論、作家書簡外，還設有「讀者‧作者‧編者」和「作家動態」兩項欄目，共計五百九十一「篇」文章。[10] 其中，「讀者‧作者‧編者」和「作家動態」均沒有署名，前者相當於雜誌的編後語，報導來稿和編輯情況，後者則介紹各地作家的近況。由於丁平是《華僑文藝》的執行編輯，負責約稿和聯繫作者的工作，[11] 而「讀者‧作者‧編者」經常報導作者的消息，尤其是臺灣作者的動態，由此推斷，「讀者‧作者‧編者」大抵由丁平執筆。[12] 下面的圖表列出《華僑文藝》刊登各類文章的篇數及百分比，首三項文類依次為小說、新詩和散文，共四百八十九篇（82.8%）。由此可見，《華僑文藝》是一份以創作為主導的純文藝刊物。

表一　《華僑文藝》各文類統計表

類別	新詩	散文	小說	文藝評論	作家書簡	讀者‧作者‧編者	作家動態	總數
篇數	152	131	206	33	23	26	20	591
百分比	25.7%	22.2%	34.9%	5.6%	3.9%	4.4%	3.4%	100.0%

《華僑文藝》從創刊到停刊為止，一直由韋陀和丁平擔任社長和

---

10 每期《華僑文藝》的文章皆以獨立的「篇」數計算，而連載作品的「篇」數就是連載的期數。

11 盧文敏、草川和古兆申分別接受筆者訪問時，不約而同地表示丁平負責《華僑文藝》的約稿和聯繫作者的工作，而韋陀則負責排稿、印刷等出版工作。見本書：〈文學理想的追尋──盧文敏訪談記〉，頁51-64；〈遠去的歲月──草川訪談記〉，頁81-85；〈韋陀、丁平與《華僑文藝》──古兆申訪談記〉，頁87-97。

12 盧文敏指出：「『讀者‧作者‧編者』應該是由丁平執筆的，而『作家動態』由大家合寫，我也寫過「作家動態」的報導。」見本書：〈文學理想的追尋──盧文敏訪談記〉，頁51-64。

執行編輯，但編委成員的轉變頗大。創刊時，《華僑文藝》的編輯委員由北野、碧原、方羊、韋陀四人擔任。一九六二年十二月，北野不幸猝逝，他的職務改由江葦接任，編輯委員人數仍然維持不變。一九六三年七月，《華僑文藝》改名為《文藝》，編輯委員由原來的碧原、方羊、江葦和韋陀，加入了一批新作家包括盧文敏（1939- ）、陳其滔、方蘆狄（1940-2010）、張牧（筆名草川，1943- ）和馬漢（1939-2012）。《華僑文藝》編輯委員的人數由原來的四人增至九人，變化不可謂不大，但《華僑文藝》編者沒有交代這次擴大編委會的原因。到了一九六四年二月第七期，江葦、方蘆狄和張牧「因為事忙」辭去編輯委員的職務，[13] 由碧原、方羊、盧文敏、韋陀、陳其滔和馬漢六位繼續擔任編輯委員直至停刊為止。從《文藝》編輯委員的名單來看，可以得出兩點觀察：一、大部分編委成員如盧文敏、方蘆狄、張牧、馬漢等當時只有二十歲左右，《華僑文藝》編者明顯有意吸納青年作者入編委會，讓《華僑文藝》更適合年輕人的閱讀口味；[14] 二、編輯委員中有來自馬來西亞的馬漢和澳門的方羊，亦有助於擴大《華僑文藝》的稿源和發行網絡。潘碧華指出，馬漢受邀擔任《華僑文藝》的編委，是負責新馬地區的組稿工作，有助於開拓該地區的稿源。[15]

　　從目前可見的材料來看，難以確切判斷《華僑文藝》的出版經費

---

13 見〈讀者・作者・編者〉，《文藝》第7期（1964年2月），頁51。另外，張牧（草川）表示他離開《華僑文藝》的原因是準備到臺灣升學。至於，《華僑文藝》為什麼擴大編委會，以及江葦和方蘆狄二位離開《華僑文藝》的原因不詳。見本書：〈遠去的歲月──草川訪談記〉，頁81-85。

14 盧文敏在訪問中表示：「當時擴大編委會，加入一些年輕的編委，我猜想他們想吸納一些青年作者，充實版面內容，以及增加年輕讀者。」見本書：〈文學理想的追尋──盧文敏訪談記〉，頁51-64。

15 見潘碧華〈五、六十年代香港文學對馬華文學傳播的影響（1949-1975）〉，收入黃維樑主編《活潑紛繁的香港文學──一九九九年香港文學國際研討會論文集》（下冊）（香港：香港中文大學新亞書院、中文大學出版社，2000年），頁749-762。

從何而來。[16] 縱然如此,《華僑文藝》的出版資料卻透露了一些端倪。《華僑文藝》創刊時,在版權頁詳細開列出版者為「華僑文藝出版社」、香港東南亞總經銷為「麥泉記書報社」、臺灣總經銷為「香港亞洲出版社台灣分社」,至於特約北美訂閱處及特約南美訂閱處分別名為「Dorothy Fong」及「Wong Chee Hang」的個人地址。由第二卷第一期開始,「香港東南亞總經銷」擴大為「港澳東南亞總經銷」,另增設「香港九龍代售處」,包括「亞洲出版社門市部」、「友聯書報發行公司門市部」、「集成圖書公司」、「偉發書局」和各大書報社報攤。[17]《華僑文藝》改名為《文藝》後,出版者改為「文藝月刊社」,而發行網絡亦相應擴大,香港九龍總經銷為「同德書報社」、澳門總經銷為「友聯圖書公司」、星馬北婆總經銷為「友聯書報發行公司」、美菲泰越總經銷為「鶴鳴書業公司」、臺灣總經銷為「香港亞洲出版社台灣分社」。[18] 從《華僑文藝》發行網絡的轉變,可以歸納出兩點:一、《華僑文藝》與右翼的文化機構關係密切,包括友聯機構,如友聯書報發行公司、友聯圖書公司等,以及亞洲出版社。友聯機構和亞洲出版社是冷戰期間成立的右翼文化機構,[19] 由美國中央情報局成立

---

16 古兆申在訪問中表示,韋陀曾提及「有部分《華僑文藝》的經費是他和師母合資的。」見本書:〈韋陀、丁平與《華僑文藝》——古兆申訪談記〉,頁87-97。

17 見《華僑文藝》第2卷第1期(1962年12月),版權頁。

18 見《文藝》第1期(1963年7月),版權頁。

19 一九四〇年代中形成的美蘇冷戰及一九五〇年六月爆發的韓戰,構成全球的政治格局。友聯出版社和亞洲出版社分別成立於一九五一年和一九五二年。見鄭樹森:〈遺忘的歷史・歷史的遺忘——五、六十年代的香港文學〉,收入黃繼持、盧瑋鑾、鄭樹森著:《追跡香港文學》(香港:牛津大學出版社,1998年),頁1-9。另外,鄭樹森、黃繼持、盧瑋鑾在一次三人談中曾討論在冷戰氣候下「美元文化」與香港文藝出版物的關係。詳見鄭樹森、黃繼持、盧瑋鑾編:《香港新文學年表(一九五〇——一九六九年)》,頁14-19。至於亞洲出版社的出版情況,參見應鳳凰:〈香港文學傳播臺灣三種模式——以冷戰年代為中心〉,《文學評論》第21期(2012年8月),頁44-54。

的亞洲基金會資助，作為抗衡共產主義思想在華人地區傳播的文化據點。[20]《華僑文藝》與右翼機構的關係，也可從雜誌經常刊登相關出版社的消息看出端倪，如亞洲出版社、藍星詩社的新書消息等。儘管如此，在左右對峙的一九六〇年代，《華僑文藝》編者始終強調《華僑文藝》是純文藝刊物。縱觀二十六期《華僑文藝》，未見有明顯的政治傾向。二、《華僑文藝》發展出更為細密的行銷網絡，由原來的香港東南亞總經銷，分拆為香港九龍、澳門、星馬北婆及美菲泰越等地區的經銷點。

三 《華僑文藝》與臺灣作家

《華僑文藝》的創刊宗旨明言「為作家開闢文藝園地，為讀者選擇精神食糧」，[21] 編者開宗明義地說明雜誌的編輯方針：

> 作為一個編者，尤其是主張園地公開而又並不標榜門戶以及宗派之見的刊物的編者，對於任何一種文藝理論以至創作方法，應該是不能有所偏重；不過，至少在目前來說，我們還是需要屬一般性的文藝理論，這就是說我們所需要的並不是提倡任何一種文藝理論，而是一些側重欣賞與創作的。[22]

一九五〇、六〇年代，港臺兩地廣泛引進現代主義思潮，對文學文化的發展起了巨大的影響。《華僑文藝》在這種文化氛圍下，仍然堅守

---

20 除友聯機構及亞洲出版社外，亞洲基金會還資助成立人人出版社。見鄭樹森：〈遺忘的歷史‧歷史的遺忘——五、六十年代的香港文學〉，收入黃繼持、盧瑋鑾、鄭樹森著：《追跡香港文學》，頁1-9。

21 見〈讀者‧作者‧編者〉，《華僑文藝》第1卷第1期（1962年6月），頁39。

22 見〈讀者‧作者‧編者〉，《華僑文藝》第1卷第4期（1962年9月），頁171。

這種具開放性，而非排他性的編輯方針，確可招徠各方來稿。從第二節的分析可知，《華僑文藝》刊登的作品以創作為主，其中小說的篇幅最多，長篇連載包括謝冰瑩〈女兵自傳續稿〉、[23] 碧原〈伊甸園外〉、[24] 黃崖〈一個夢的解剖〉、[25] 陳其滔〈晚禱〉等。[26] 雖然《華僑文藝》重視創作，但仍維持每期刊登一至兩篇文藝評論，既有談創作經驗的，如墨人〈論人物描寫〉、[27] 謝冰瑩〈我怎樣寫《從軍日記》和《女兵自傳》〉等，[28] 也有探討文藝理論的，如覃子豪〈中國新詩的方向〉、[29] 王平陵〈文學上的新綜合主義〉[30]、李英豪〈現代詩是反理性的嗎？〉等。[31] 《華僑文藝》的作者大多來自香港以外地區，包括覃子豪、紀弦、謝冰瑩、王平陵等逾六十位臺灣作家，[32] 以

---

23 謝冰瑩在《華僑文藝》第1卷第3期（1962年8月）及第1卷第6期（1962年10月）發表了〈女兵自傳續稿〉的首篇作品〈北伐時代的兵〉，後「因為健康欠佳不能執筆」，沒有續寫下去。見〈讀者・作者・編者〉，《華僑文藝》第2卷第6期（1963年5月），頁307。

24 碧原的〈伊甸園外〉由《華僑文藝》第1卷第1期（1962年6月）連載至第1卷第6期（1962年11月）。

25 黃崖的〈一個夢的解剖〉由《華僑文藝》第1卷第2期（1962年7月）連載至第1卷第6期（1962年11月）；其續篇〈紅燈——一個夢的續剖〉由《華僑文藝》第2卷第1期（1962年12月）連載至第1卷第6期（1963年5月）。

26 陳其滔的〈晚禱〉由《文藝》第7期（1964年2月）連載至第12期（1964年9月）。

27 見墨人：〈論人物描寫（上）〉，《華僑文藝》第1卷第1期（1962年6月），頁9-14；及〈論人物描寫（下）〉，《華僑文藝》第1卷第2期（1962年7月），頁61-64。

28 見謝冰瑩：〈我怎樣寫《從軍日記》和《女兵自傳》〉，《華僑文藝》第2卷第6期（1963年5月），頁260-263。

29 見覃子豪：〈中國新詩的方向（上）〉，《華僑文藝》第1卷第3期（1962年8月），頁91-93；及〈中國新詩的方向（下）〉，《華僑文藝》第1卷第4期（1962年9月），頁138-142。

30 見王平陵：〈文學上的新綜合主義〉，《文藝》第1期（1963年7月），頁4-6。

31 見李英豪：〈現代詩是反理性的嗎？〉，《文藝》第7期（1964年2月），頁45-46。

32 臺灣作家包括丁文智、大荒、王平陵、王渝、王憲陽、古貝、司馬中原、后希鎧、向明、朱橋、朵思、羊令野、西蒙、吳癡（另以葛令發表作品）、沈甸、谷靜、辛鬱（另以古渡、向邇發表作品）、亞汀、周夢蝶、孟瑤、林佛兒、林楓、林綠、宣

及星馬的喬靜、黃崖等，菲律賓的亞薇、雲鶴等，美國的李金髮、秦松等。鄭樹森論及香港一九五○、六○年代的文學雜誌時指出：

> 五○年代的全人刊物以《人人文學》和《文藝新潮》較具代表性，而後者在二十世紀西方文學譯介上，領先海峽兩岸，極具開拓性。六○年代則有《好望角》和《華僑文藝》，兩份刊物都有台灣來稿，後者並曾發表紀弦、洛夫、鄭愁予等人作品。前者則以譯介評論見勝。[33]

一直以來，評論界論及一九六○年代港臺文學的互動關係時，大多以《好望角》為代表，但鄭樹森的說法無疑補充了這個觀點。《華僑文藝》不僅與《好望角》同期發表臺灣來稿，而且刊登臺灣作家和作品的數量相當多。如果把《華僑文藝》的作者分為香港、臺灣及其他三個組別，並對作者和作品數量統計歸納，其結果列表如下：

建人、段彩華、洛夫、洛冰、紀弦、桑品載、商禽、張健（另以汶津發表作品）、張漱菡、張默、曹抄、梅新、畢加、畢璞、彭邦楨、童真、菩提、覃子豪、馮馮、楚戈（另以橫舟發表作品）、葉泥、葉珊、管管、綠蒂、趙滋蕃、劉國全、劉燦、墨人、歐陽惕、鄧文來、鄭愁予、繁露、謝冰瑩、鍾梅音、鍾鼎文、藍采、魏子雲、羅蘭共六十一位作家。

33 見鄭樹森：〈談四十年來香港文學的生存狀態——殖民主義、冷戰年代與邊緣空間〉，收入張寶琴、邵玉銘、瘂弦主編：《四十年來中國文學》（臺北：聯合文學出版社，1994年），頁50-58。

表二　《華僑文藝》作者及作品數量統計表

	香港	臺灣	其他	總數
作者	37 （26%）	61 （43%）	45 （31%）	143 （100%）
作品	181 （33%）	254 （47%）	110 （20%）	545 （100%）

由此可見，《華僑文藝》無論從作者或作品的角度來說，臺灣的數量均超越香港。職是之故，劉以鬯也指出《華僑文藝》「特別重視台灣作品」。[34] 張默在一封寫給丁平的書信中說道：

> 在香港，能有一份像《文藝》這樣的刊物，確屬難能可貴。你們的努力，已經在開花，燦爛地開花。去年崛起的《好望角》，聽英豪說，會暫行休刊，實在令人惋惜。此間愛好文藝同仁，對《文藝》及《好望角》均寄予極高之評價。願有一天你們能攜起手來。[35]

張默表示當時「在台灣看到的香港文藝刊物不多，只有《好望角》和《文藝》，所以才有和他們攜手合作這個想法。」[36] 他在信內把以創作為主的《華僑文藝》與「以譯介評論見勝」的《好望角》相提並論，可見《華僑文藝》確實受到他們重視。

---

34 見劉以鬯：〈三十年來香港與台灣在文學上的相互聯繫〉，收入劉著《暢談香港文學》，頁78-96。

35 見張默：〈詩人的願望〉，《文藝》第10期（1964年6月），頁36。

36 見本書：〈詩人的願望——張默訪談記〉，頁73-79。

四　《華僑文藝》與「藍星詩人」

　　值得留意之處是，六十一位在《華僑文藝》發表作品的臺灣作家中，他們的文學主張和信念不盡相同，無論是繼承寫實傳統的作家如謝冰瑩、宣建人、后希鎧、趙滋蕃等，或擅長現代風格的作家如覃子豪、紀弦、向明、洛夫、羊令野、辛鬱、商禽、楚戈等，《華僑文藝》都為他們提供在臺灣以外地區同場發表作品的平臺，構成既傳統又現代的獨特文學景觀。張健指出這種情況在臺灣主要的文學雜誌中絕無僅有，「現代與傳統並重是《華僑文藝》的特色」。[37] 古兆申在一次訪問中談到他的老師韋陀及《華僑文藝》時表示：

> 當時我的中文老師和台灣的軍中作家很熟，老師筆名叫韋陀，他和他的朋友丁平一起搞了本雜誌叫《華僑文藝》，出來的樣子很專業，而且是月刊，老師的刊物中最多是台灣軍中詩人的現代詩。[38]

在這段簡短的憶述中，古兆申提出兩點很值得注意：一、在《華僑文藝》的作家中，以臺灣軍中詩人的數目最多；二、他們在《華僑文藝》發表的作品，以現代詩為主。縱觀《華僑文藝》的臺灣作者群，向明、辛鬱、周夢蝶、林楓、洛夫、桑品載、商禽、張默、菩提、楚戈和魏子雲都是臺灣著名的軍中作家，在《華僑文藝》發表了不少作品；除了林楓、桑品載和魏子雲三人外，其餘八位都是軍中詩人。辛鬱表示一九五〇、六〇年代臺灣文學界，主要由學院和軍中兩個群體

37　見本書：〈兼容並包的丁平──張健訪談記〉，頁23-32。

38　見杜家祁、古蒼梧：〈回首雲飛風起──談六七十年代的香港文學〉，《香港文學》
　　第229期（2004年1月），頁27-33。

的作家組成，其中軍中作家對推動臺灣現代詩的發展起非常關鍵的作用。[39] 古兆申的說話，正正點出了《華僑文藝》與臺灣現代詩的關係。

一九五〇年代臺灣現代詩的發展，主要由三股力量推動，即紀弦創辦《現代詩》（1953年2月）和創立「現代派」（1956年2月）、覃子豪等創立「藍星詩社」和出版《藍星週刊》（1954年6月），以及張默等成立「創世紀詩社」及出版《創世紀》詩刊（1954年10月）。[40] 儘管「現代派」、「藍星詩社」和「創世紀詩社」的主張各有不同，但成員之間互相往來、互通聲氣，甚至互相投稿亦是常見的事。[41] 在《華僑文藝》發表作品的臺灣作家中，不少與「藍星詩社」關係密切。然而，「藍星詩社」沒有正式的入社手續，成員的身分不易確認，若以較寬泛的「藍星詩人」來形容藍星成員，以及在藍星刊物發表作品的詩人，則在《華僑文藝》發表作品的「藍星詩人」包括覃子豪、向明、周夢蝶、張健、楚戈、商禽、辛鬱、西蒙、張默、管管、王憲陽、古貝等。[42] 其中，辛鬱和楚戈在《華僑文藝》發表最多作品，分別有二十六篇和十八篇，前者更寫下多篇與覃子豪有關的詩文，[43] 而後者更

---

39 見本書：〈覃子豪、丁平與《華僑文藝》──辛鬱訪談記〉，頁11-21。

40 有關「現代派」、「藍星詩社」和「創世紀詩社」在一九五〇年代臺灣現代詩發展的角色及其影響，可參見蔡明諺：《一九五〇年代台灣現代詩的淵源與發展》（臺北：清華大學中國文學系博士論文，2008年）。

41 辛鬱是最好的例子，他原本是「現代派」的成員，後來屬於「創世紀詩社」，但經常投稿給《藍星詩刊》發表。見本書：〈覃子豪、丁平與《華僑文藝》──辛鬱訪談記〉，頁11-21。

42 「藍星詩社」早期的成員包括鍾鼎文、覃子豪、夏菁、余光中、鄧禹平、司徒衛、辛魚、梁雲坡、吳望堯、羅門和瑩星十一位，後來增加了黃用、阮囊、蓉子、向明、周夢蝶、張健、夐虹等人。詳見蔡明諺：《一九五〇年代台灣現代詩的淵源與發展》，頁176。

43 辛鬱先後在《華僑文藝》發表了五篇有關覃子豪的詩文，分別為〈粗拙的繪像──我所知道的詩人覃子豪先生〉（《文藝》第3期，頁123）、〈從一〇四病房到七二九病房──故詩人覃子豪先生病中記事〉（《文藝》第6期，頁275-276）二篇散文，以及

以本名袁德星、筆名楚戈和橫舟為刊物設計封面和繪畫插畫。[44]《華僑文藝》發表大量「藍星詩人」的作品，主要是因為覃子豪與丁平有深厚的交情。許定銘指出：「由於編者與台灣藍星詩社創辦人覃子豪深交，故此藍星諸人大力供稿」。[45] 許定銘這個說法後來得到辛鬱的證實。辛鬱指出《華僑文藝》上「藍星詩人」的作品，最初由覃子豪直接寄給丁平發表，其後覃子豪因癌病入院，就委託他負責發稿到《華僑文藝》。[46] 由此可知，覃子豪和辛鬱是引介大量「藍星詩人」作品到《華僑文藝》發表的幕後推手，促成港臺文學之間的互動和影響。

五　結語

五十多年來，《華僑文藝》一直備受研究者忽略，究其原因，主要有下列兩點：首先，《華僑文藝》主要發行到南洋地區，在香港市面上流傳不廣。《華僑文藝》一九六三年停刊後，幾近絕跡於香港舊書市場，許定銘曾向丁平查詢此事，知悉：

> 他不想雜誌在停刊後讓人當「廢紙」辦，故意不把存貨賣給舊書商，私自「處理」掉了。[47]

〈焚城之秋——追念覃子豪先生〉（《文藝》第6期，頁273）、〈景象——臺大醫院七二九病房所見〉（《文藝》第7期，頁15）、〈歲暮詩抄——一九六三年十二月卅一夜作品〉（《文藝》第8期，頁24）三首詩。

44 楚戈由第一卷第四期開始為《華僑文藝》繪畫插畫，後期更幾乎一手包辦雜誌內所有插畫。

45 轉引自許定銘：〈從《華僑文藝》到《文藝》〉，《香港文學》第13期（1986年1月），頁67-69。

46 見本書：〈覃子豪、丁平與《華僑文藝》——辛鬱訪談記〉，頁11-21。

47 見許定銘：〈香港舊書貴得有理〉，《大公報》，2012年7月11日，版C2。

　　因此，《華僑文藝》流出市面的數量極少，以至香港各大學圖書館的館藏並不齊全，[48] 研究無從。其次，《華僑文藝》的編委和作者罕見執筆談及這份雜誌，[49] 更遑論以此為書寫對象。在缺乏原始材料和論述資源的情況下，《華僑文藝》的研究自然難以展開。[50] 本文的撰述旨在為香港文學研究補白，指出《華僑文藝》發表了大量臺灣作家的作品，並積極引進臺灣現代詩，從推動港臺文學交流的角度而言發揮了一定作用，在香港一九六〇年代現代主義思潮中扮演了不可或缺的角色。

　　——本文討論稿曾於二〇一三年五月二十四至二十五日在臺南舉
　　　　行的「媒介現代：冷戰中的台港文藝」學術研討會上發表。

---

48 見盧瑋鑾、熊志琴編著：《雙程路：中西文化的體驗與思考（1963-2003）——古兆申訪談錄》，頁14。

49 向明和張健接受筆者訪問時表示，他們完全不知道《華僑文藝》刊登他們的作品，筆下當然不會提及這份雜誌。見本書：〈文學的播種者——向明訪談記〉，頁65-72；〈兼容並包的丁平——張健訪談記〉，頁23-32。

50 此外，古兆申認為《華僑文藝》出版時間不長、缺乏讀者活動等也是這份文學雜誌被遺忘的原因。見本書：〈韋陀、丁平與《華僑文藝》——古兆申訪談記〉，頁87-97。

後記

　　二〇〇九年，為紀念丁平老師逝世十周年，我們九位學生編選了《萍之歌——丁平詩集》，收錄丁師六十首詩作和兩篇詩語，並有夏傳才教授〈丁平走了〉、李學銘教授〈懷「萍居」主人丁平兄〉和綠蒂博士〈丁平先生其人其詩〉三篇序言，書末還附有丁師小傳、江顯師兄兩篇跋（〈疊疊縈縈〉和〈悠悠意，繾綣情〉）和〈編後記〉，較完整地呈現丁師生前四十多年的詩歌創作。《萍之歌》出版後，我寫了一篇紀念文章〈遺忘與記憶——丁平老師逝世十周年記〉（《城市文藝》第四卷第十一期，二〇〇九年十二月），介紹他在文學評論、文學教育、文學推廣和文學創作的工作和成果。文章發表後，我有感該文尚未充分展示丁老師的文學生命，於是有意進行一系列的訪談，更完整地記錄他在文學方面的貢獻。其後三年，我因忙於舒巷城口述歷史計劃，暫時放下了丁老師的訪談集。二〇一二年，我應邀參加香港中文大學香港文學研究中心與臺灣成功大學臺灣文學系合辦的「一九五〇、六〇年代台港文藝思潮的交涉與形構學術工作坊」，遂以丁老師主編的《華僑文藝》為研究對象，藉此探討一九六〇年代港臺兩地文學交流的情況，正式開展一系列的訪談計畫。期間，我因俗務纏身，稍為耽擱了訪談集的進度。經過前後七年的努力，《遺忘與記憶——丁平及其時代訪談集》終於出版，恰好作為丁師逝世二十周年的紀念，別具意義。本書的訪談文章大多刊於文學雜誌，趁結集成書之便，另起篇目外，還作了一些必要的訂正。

　　本書得以順利出版，我得感謝夏傳才、辛鬱、張健、司馬中原、綠蒂、盧文敏、向明、張默、草川、古兆申、許定銘、李學銘、涂靜怡各位前輩和江顯師兄接受訪問。我聯絡各位前輩時，他們無不欣然接受訪問，在訪談中熱情暢談往事，儘管風雲聚散有時，在答問中留下的記憶卻成永恆。我作為後輩聽到昔日種種舊事，實在深受感動。向明先生和許定銘先生不僅接受訪問，還慨然賜序，對於兩位前輩的幫助，我銘感於心。李學銘教授既關心訪談工作的進展，又向我引介萬卷樓出版社，促成本書在臺灣面世，我謹此深致謝忱。最遺憾的事莫過於辛鬱、夏傳才和張健三位前輩先後辭世，無緣得見本書的出版。對於萬卷樓總經理梁錦興先生和副總編輯張晏瑞先生的支持與關懷，陳胤慧女士和江玟錡女士兩位編輯辦事的專業與妥貼，我在此深表謝意。最後，謹以本書獻給丁平老師，報答他栽培和教導之恩。

馬輝洪

二〇一九年炎夏

史學研究叢書·人物傳記叢刊 0601001

遺忘與記憶——丁平及其時代訪談集

編　　著	馬輝洪
責任編輯	陳胤慧
特約校稿	林秋芬
發 行 人	陳滿銘
總 經 理	梁錦興
總 編 輯	陳滿銘
副總編輯	張晏瑞
編 輯 所	萬卷樓圖書股份有限公司
排　　版	林曉敏
印　　刷	維中科技有限公司
封面設計	菩薩蠻數位文化有限公司

發　　行　萬卷樓圖書股份有限公司
　　臺北市羅斯福路二段 41 號 6 樓之 3
　　電話 (02)23216565
　　傳真 (02)23218698
　　電郵 SERVICE@WANJUAN.COM.TW
香港經銷　香港聯合書刊物流有限公司
　　電話 (852)21502100
　　傳真 (852)23560735

ISBN　978-986-478-303-8
2019 年 08 月初版一刷
定價：新臺幣 300 元

如何購買本書：

1. 劃撥購書，請透過以下郵政劃撥帳號：
　　帳號：15624015
　　戶名：萬卷樓圖書股份有限公司
2. 轉帳購書，請透過以下帳戶
　　合作金庫銀行 古亭分行
　　戶名：萬卷樓圖書股份有限公司
　　帳號：0877717092596
3. 網路購書，請透過萬卷樓網站
　　網址 WWW.WANJUAN.COM.TW
大量購書，請直接聯繫我們，將有專人為
您服務。客服：(02)23216565 分機 610

如有缺頁、破損或裝訂錯誤，請寄回更換
版權所有·翻印必究
Copyright©2019 by WanJuanLou Books CO., Ltd.
All Right Reserved　　　**Printed in Taiwan**

國家圖書館出版品預行編目資料

遺忘與記憶——丁平及其時代訪談集 / 馬輝
洪編著. -- 初版. -- 臺北市：萬卷樓, 2019.08
　　面；　　公分. -
　(史學研究叢書.人物傳記叢刊；0601001)
ISBN 978-986-478-303-8(平裝)
1.丁平　2.傳記　3.訪談

　　　　782.887　　　108011496